シュタイナー
教育基礎講座
III

Einführung in die anthroposophische Pädagogik III

精神科学による教育の改新

ルドルフ・シュタイナー［著］
西川隆範［訳］

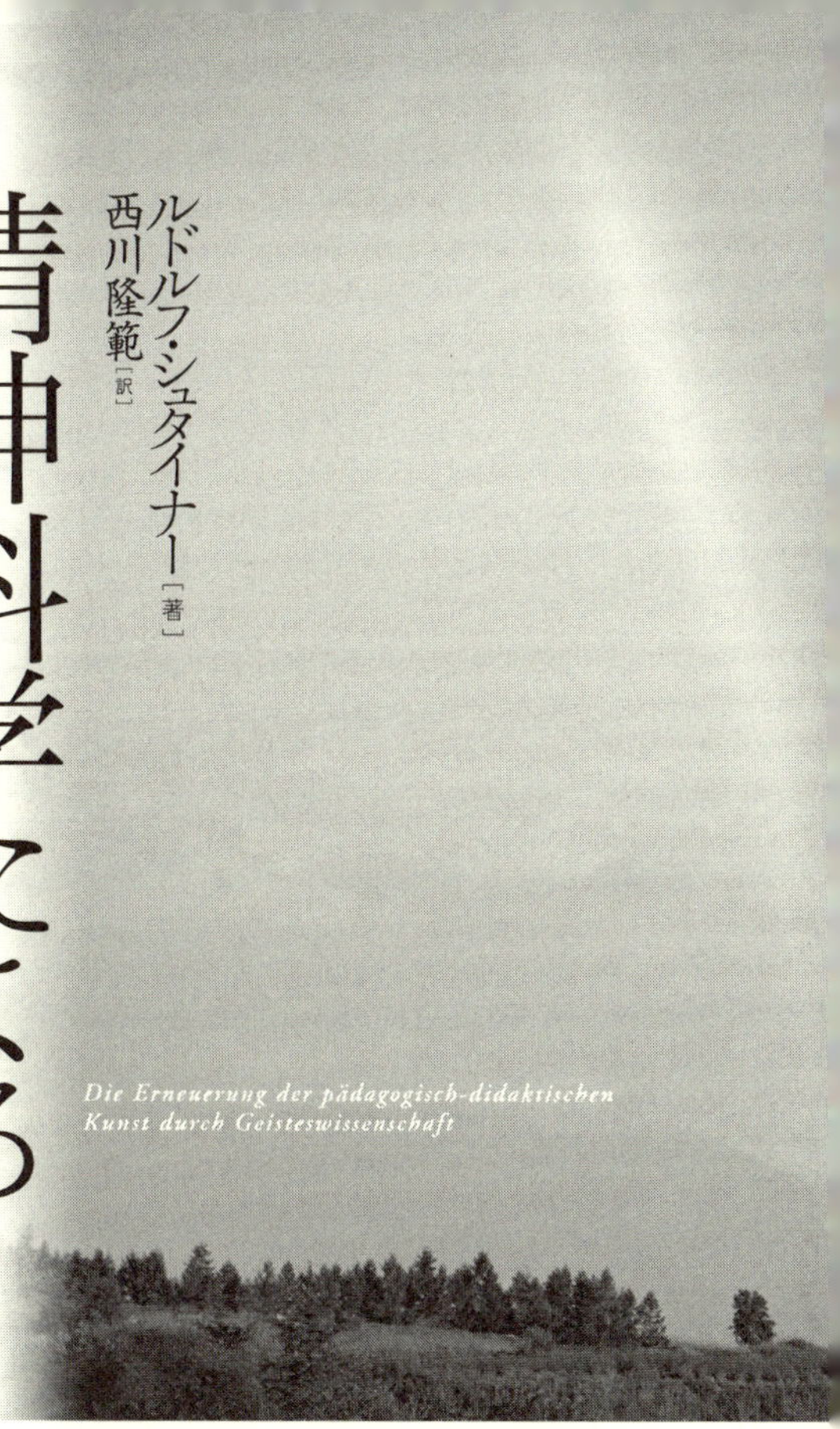

Die Erneuerung der pädagogisch-didaktischen Kunst durch Geisteswissenschaft

アルテ

Rudolf Steiner
Die Erneuerung der pädagogisch-didaktischen Kunst
durch Geisteswissenschaft

目次

精神科学による教育の改新

カリキュラム

シュトゥットガルトで会社を経営していたエミール・モルトは、本当に純粋に精神科学的な教育学・教授法の原則によって築かれた学校を、社員の子どもたちのために作ろうとしました。こうして、シュトゥットガルトのヴァルドルフ（華徳福《ウォルドーフ》）学校ができました。この学校は、エミール・モルトの会社の社員の子どもたちのためという枠を、とっくに越えて発展していきました。この学校の教育目的・カリキュラムは、精神科学という土台の上に形成されました。

もちろん、シュトゥットガルトのヴァルドルフ学校は始まったばかりです。私たちはどの学年にも、よその学校から生徒を受け入れました。そのために、最初は妥協が必要です。

個々の子どもたちに向かい合ったときに、個々のことがらが教育学的にうまく行くことだけが重要なのではありません。個々のことがらに十分に関われる小人数のクラスで、教育学的にうまく行なうことだけが重要なのではありません。私がここで提唱するものによって、大人数のクラスでも、学校生活をとおして、教師の個性がクラスに浸透できるようになります。

人間のいきいきとした動きを把握すると、心臓は血液を人体に送るポンプではない、という洞察に到ります。人間は内的に生命的であり、体液の動き、心臓の動きはこの活気の結果である、という洞察に到ります。

このような方法で精神が思考するようになると、子どもの成長を見る力が教師のなかに目覚めます。このように見えるようになると、数カ月しか関わっていない大人数のクラスの子どもにも、意味深いことが現われてきます。この意味で精神をトレーニングして、確かな接点を作り出すと、この精神は子どもの個性を、いわば透視的に洞見するに到ります。これが大事な点です。

心臓は血液循環の原因ではなく、血液循環の結果、心臓が動いていると知ることに、大きな価値があるのではありません。そうではなく、今日の唯物論的な思考とは逆にものごとを表象する可能性を、自分のなかに発展させることが大事なのです。自分のなかでこの可能性を発展させ、自分の精神を整える人は、成長する子ども全体に、いままでとは異なった方法でいきいきと向かい合います。

こうして、成長する子どもの本性から、カリキュラムを読み取ることができるようになります。

今日の社会状態のなかで、純粋な教育学・教授法から学校を作っていくことはできません。ですから、ある意味で妥協することが、シュトゥットガルトでは必要でした。

「つぎの三つの段階を考慮しなくてはならない。一年生・二年生・三年生のカリキュラムに関しては、完全な自由が必要だ。ついで、よその学校の子どもたちと同じ教育目的まで子どもたちを到らせたい、と私たちは思う。それから一二歳、つまり国民学校《フォルクスシューレ》の六年生、そして学校を卒業するときが節目だ」と、私は言いました。

いままでは、単に自然法則から読み取ったカリキュラムを、この移行段階で実行できただけです。最初の三学年、二番目の三学年、そして第三段階すなわち最後の二学年です。これは、今日の社会状態と妥協しなくてはならないことがらです。

しかし、このあいだに、いくつかのことが達成されます。たとえば、知的なもの、つまり子どもの一つの特性から一面的に出発するのではなく、健全な原則の上に、人間全体から出発するようにします。今日の授業は、たいてい知的なものから出発しています。

まず、人間とは本来なにかについて、明確な概念を作ることが重要です。子どもを論理的に思考へと指導することによって考え方を学ばせる、という意見を現代人は持っています。思考が人間の本性のなかでどのように生起するか、観察できないからです。

私は今までの人生の六〇年間を、このような人間観察に費やしてきました。子どもを観察できる人は、子どもと大人を比較することができます。そして、人間の生涯の各時期が互いに関連していることを知ります。まなざしを鍛練していないと、その関連を観察することはできません。

人間の本性のなかにある関連を示唆するものを述べたい、と思います。子どもの周囲に立派な教育者、子どもが従順な感情を持てる人々がいるとしましょう。そのような子どもは、将来どうなるでしょうか。この従順な感情は次第に変化していきます。そして、人々に語りかけたり、なんらかの境遇にある人々にまなざしを向けることによって、恵みを与える人間になります。その子が成長すると、そこにいるだけで人々に恵みを与える人間になります。

尊敬すること、あるいは、こう言ってよければ、祈ることを学んだために、人々を祝福する力が後年に得られるのです。その人の行為は、人々に恵みを与えるようになります。幼年期に尊敬すること、祈ることを学ばなかった人は、後年になって人々を祝福することができません。

幼年期の特徴は、正確な法則に従って、後年に変化・変容するのです。

このようなことに目を向けなくてはなりません。今日の死んだ科学ではなく、いきいきとした科学をとおして、これらのことがらへのまなざしを獲得しなければなりません。いきいきとした科学は、感情・意志を育てることができます。あらゆる因習的・形式的なものを避けると、人間全体を把握することができます。

子どもに文字の書き方を教えるという課題が、私たちにはあります。しかし、今日のような文字は、人間文化の産物です。人類進化の経過のなかで、文字は発生しました。象形文字から、今日の因習的・抽象的な文字が発展していきました。古代の文字、エジプトの象形文字の特徴を心魂に思い浮かべてみましょう。そうすると、外界の模写から出発するのが人間本来の天分だ、ということが分かります。

外界の模写と文字は、ある意味で、人間の言語形成の基盤にもなっています。

言語の形成については、多くの仮説が立てられました。いわゆる「キンコンカン理論」があります。キンコンカンという鐘の音など、周囲の音の響きの特徴を写したものが言語だ、という説です。また、「ワンワン理論」というのがあります。ワンワンという犬の鳴き声のように、私たちの周囲にいる存在の内面から発せられる音の模写によって言語はできた、という説です。

これらの理論は、人間存在を十分に包括的に考察していません。人間存在を包括的に考察し、なによりも子どもの言語を本当に修練されたまなざしで観察しましょう。そうすると、母音の習得において、人間の心情はまったく異なったあり方をします。母音は感情に沿って習得されます。観察眼を修練すると、単純な感嘆詞、あるいは複雑な感嘆詞、感情の爆発、内的体験などに人間の内面が到ることをとおして母音が発生する、ということが分かります。母音のなかに、人間の内面が発揮されています。

子音において、人間は外的な経過を模写します。自分の諸器官をとおして、外的な経過を模写します。子音によって外的な経過を模写し、母音によって、その模写を彩ります。それが言語です。文字も本来、模写なのです。

すでに因習的になった今日の文字を子どもに教えると、私たちは知性にしか働きかけません。ですから、私たちは文字の学習から始めるべきではありません。文字・活字に表現されている形態を、芸術的に把握することから始めるべきです。

教師に独創力が乏しければ、たとえばエジプトその他の象形文字を取り上げて、その象形文字から今日の因習的な文字の形を取り出そうと試みることができます。しかし、それは必要ではありません。人類進化の現実の経過に、どこまでもこだわる必要はありません。

今日の文字の形のなかに、子どもに手と指の動きを練習させることのできる線を見出そうとしてみましょう。文字になるかどうかは、まったく度外視して、いろんな線を子どもに描かせます。丸み・角・水平・垂直を、内的・感情的に子どもに理解させます。そうすると子どもは、世界で生きるのに適した器用さを習得するでしょう。こうして私たちは、心理学的に非常に重要なことを達成します。

初めは、書き方をまったく教えません。芸術的な線画を行ないます。その線画は、ヴァルドルフ学校で行なっているように、絵にまで発展することもあります。そうすると、子どもは色彩と、色の調和にもいきいきとした関係を保ちます。子どもは七〜八歳において、色彩と、色の調和に特に敏感です。

文字を導き出すことをまったく度外視して、芸術的な線画の授業を行なってみます。そうすると、子どもが指・腕全体を動かすことによって、単に思考ではなく、器用さから文字へと向かっていくことに気づきます。そうして、個我は知性を、人間全体の帰結として自分のなかで発展させます。知性をあまりにも調教しないようにして、人間全体を扱うことから出発すると、手足は器用になります。

シュトゥットガルトのヴァルドルフ学校で工作の授業をご覧になると、少年と少女が一緒に編み物をしています。「女性的」な手芸だけをしているのではありません。「男性的」な手芸もあるのです。どうしてでしょうか。男の子は、人工的に手芸から遠ざけられていなければ、女の子と同じく手芸を喜ぶということが、この授業から分かります。なぜなのでしょう。

私たちの知性は、直接知性の形成に取り組むことによって発展するのではありません。指の動きが不器用な者は、知性も不器用であり、理念・思考内容に柔軟性が乏しいものです。指を正規に動かすことのできる者は、しなやかな思考と理念を有し、事物の本質に入っていくことができます。そうすると人々は、子どもの外面を発展させることを過小評価しなくなるでしょう。子どもの外面を発達させると、そこから知性が現われてきます。

芸術的に文字の形を発生させるのは、教育上、特に重要です。文字の形の習得が、読み方の基盤になります。ヴァルドルフ学校の授業は、純粋な芸術性から出発します。芸術的なものから、たとえば書き方が発展し、書き方から読み方が発展します。

このようにして、子どもの本性から発しようとする力を発展させます。こうすると、子どものなかに疎遠なものを持ち込むことになりません。そして九歳ごろまでに、おのずと線画から書き方、そして読み方を子どもに習得させることができます。

これは特別重要なことです。人間本性の力を生かして教育せずに、人間本性の力に対抗すると、人生全体が害されるからです。子どもの本性が欲することを正確に行なうと、生涯を豊かにするものを、その子のなかで発展させることができます。

外的なものから内的なものに進むとき、「六歳・七歳・八歳の子どもは、自分を個我存在として周囲から区別できない」ということを知るのが重要です。周囲と個我との区別をあまりに早く発展させると、私たちは健全な人間本性から何かを奪い取ることになります。

自分を鏡に映して見ている子どもを、一度観察してみてください。九歳・一〇歳以前の子どもを観察してみてください。人相を見る目を、身につけてください。そうすると、九歳を乗り越えるとき、人間の本性のなかで非常に重要なことが起こるのが分かるでしょう。だいたい九歳を越えるころです。言うまでもなく、子どもによって、いくらかの差があります。

この重要事の特徴を、「永久歯が生えるまで、子どもは模倣する存在だ」と、述べることができます。原則的に、子どもは周囲を模倣します。子どもは模倣する存在でなかったら、言語を習得できないでしょう。

この模倣の原則は、およそ九歳ごろまで続きます。しかし、永久歯が生えるころ、権威感情の影響を受けた原則が発展し、尊敬する人物を正しいと承認しはじめます。大事なのは、永久歯が生えるころから性的に成熟するまでの時期に現われる正当な権威感情を、子どもに保たせることです。子どもの本性が、そう欲しているからです。

「自分の学んでいることが正しいかどうか、子ども自身に判断させるべきだ」という現代の主張は、人間本性の要求を顧慮していません。七歳以後も、九歳まで模倣原則に導かれ、その模倣原則に権威感情の原則が織り込まれると、その要求は後年全体に運ばれていきます。

この権威原則は、九歳からますます純粋に現われてきます。そして一二歳から、また新たなものが混ざります。自分の判断能力です。

子どもがあまりに早く独自の判断をしないようにするのが、あらゆる教育技芸にとって基礎的な意味を有します。たしかに、実物教育と言われるものには一定の意味があります。一定の領域において、非常に大きな意味があります。しかし、実物教育を推し進めて、子ども自身が直接見ることのできるものだけを子どもに教えるべきだと思うと、世界には直接見ることのできないものがある、ということを見落としてしまいます。

直接見ることのできないものも、子どもに教えねばなりません。たとえば、宗教的なものは直接目に見えません。道徳的なことは目に見えません。せいぜい、世界における宗教の作用を、目に見えるように示すことができるくらいです。見えないもの自体を、直接見せることはできません。
しかし、それは度外視しましょう。ほかのものが問題です。このような感情を正しく考慮に入れられない人は、「権威者が語ることを、子どもは受け入れる。権威者が信じるものを、子どもは信じる」ということを顧慮しません。そうすると、自分が教育する子どもの後年から何かを取り去ることになります。

自分が体験することに、目を向けてみましょう。三〇～三五歳になって、学校で教わったことを思い返すと、その内容を当時は理解していなかったことが明らかになります。しかし、先生のことが好きだったので、その内容を受け入れたのです。「この人を尊敬しなくてはいけない。この人が考えていることを、私も考えなくてはならない」という感情を持っていたはずです。

理解したからではなく、先生への愛ゆえに受け取ったものを、三〇～三五歳に思い出すのです。成長した今、心魂の地下から取り出されるものを理解します。昔、先生への愛から受け取ったものをふたたび受け取り、その内容が明らかになります。それの意味するものを観察できるようになります。

かつて習った内容をふたたび取り出して、自分が成長したことによって理解できるようになると、生命感が高まります。私たちが生活・社会生活にとって有用な人間になるためには、この生命感が必要です。先生への愛ゆえに、正当な権威感情をもって、献身的な愛によって真理を受け取る機会を私たちが奪うと、子どもから多くを奪い取ることになるでしょう。子どもは、この正当な権威感情を有していなくてはなりません。永久歯が生えてから性的に成熟するまでの子どもが正当な権威感情を保つよう、私たちは教育技芸において心魂の全力をもって働きかけねばなりません。

国民学校が三つの段階に分かれていることがカリキュラム、教育目的の基盤になるという事実を、私たちは明らかにしなくてはなりません。国民学校の初めの学年では、模倣が権威原則に織り込まれています。九～一二歳で権威原則が増し、単なる模倣は退きます。一二歳で、判断力が目覚めます。九歳で、子どもは自ら内的に、個我を周囲から解き放ちはじめます。この個我によって、子どもは一二歳から独自の判断を試みます。

人生に関する私たちの考え方・感じ方が、正しい判断についての考え方に非常に関連しています。みなさんは、自然科学的な見解から出発した哲学者、エルンスト・マッハについて聞いたことがおありでしょう。彼は非常に正直で誠実な人物でした。しかし、現代の典型的に唯物論的な考えの人間でした。彼は非常に正直な人間だったので、唯物論的な思考の内面を生き尽くしました。

彼は一度、非常に疲れたあとバスに飛び乗った、と率直に誠実に語っています。そうすると奇妙なことに、反対側から、どこかの校長のように見える人物が飛び乗ってきました。その人物から、マッハは変な印象を受けました。彼はバスを降りてから、入り口の反対側に鏡があることに気が付きました。つまり、彼は自分を見ていたのです。

彼は自分の外観について、そんなにわずかしか知らなかったのです。同じことが、もう一度、起こりました。ショーウインドーに鏡が掛かっていたのです。そこに映った自分を、彼は誰だか認識できませんでした。

身体的な特徴を認識する素質が彼になかったのは、ある教育学的原則を熱狂的に主張していることと関連しています。彼は、子どものファンタジーに働きかけることに、狂信的に反対していました。彼は、子どもにメルヘンを語ることに反対していました。外的・感覚的な現実の自然科学的模造品以外のものを子どもに伝えることに、彼は反対でした。そのように、彼は自分の子どもも教育しました。それを彼は、素朴に正直に、率直に語っています。

外的・感覚的な現実の精神内容について、人間は自分の欲するように考えることができます。しかし、六~七歳から九歳のあいだの時期に、メルヘン的にファンタジーを発達させないと、子どもは害されます。教師が夢想家でないなら、人間の周囲、動物・植物その他の自然について説明すべきものすべてを、子どもにメルヘンの形で伝えようとするでしょう。子どもが自分と周囲を区別するようになるのは九歳です。

子どもにメルヘンを読んで聞かせるか、自分でメルヘンを仕上げるかで、どれほど大きな違いがあるか、一度よく調べてみてください。メルヘンをたくさん読んで、読んだメルヘンを子どもに語ってみてください。それらは、みなさんが自分でメルヘンを作り出して子どもに語るときのような作用をしません。自分でメルヘンを作ると、形成のプロセス、つまり生命的なものがみなさんのなかに存在します。そのプロセスが子どもに伝わり、子どもに作用が残ります。これは、子どもとの交流において予測できないものです。

なんらかの表象を、外的なイメージをとおして子どもに伝えようと試みると、子どもの発達に大きな利益をもたらすことになります。たとえば、「私はできるだけ早く、心魂の不死についての感受性を子どもに与えたい。あらゆる手段を用いて、その目的を達成しようと私は試みる。いかに蛹から蝶が飛び出るかに子どもの注意を向けることによって、私は目的を達成しようと試みる。そうして私は、不死の心魂が身体から飛んで行く、ということを示唆する」と、私たちは言います。これは、よいことです。

たしかに、これはイメージです。このイメージを、抽象的・知的な形で子どもに伝えようとするのではなく、自分自身がこのイメージを信じると、うまく伝わります。自然の秘密のなかに突き進むと、蛹から飛び出す蝶は不死の象徴になります。創造主によって、その象徴は自然のなかに置かれたのです。自分でこのことを信じなくてはなりません。これは、単に知的に受け取るものとはまったく別様に作用します。

人間の周囲に関連するものすべてを、低学年のうちにファンタジーをとおして子どもに教えることを、ヴァルドルフ学校では試みています。夢想家でない教師は、子どもを夢想家にすることはありません。その教師は、甲虫・植物・象・河馬についても、ファンタジー豊かに語ることができます。

二つのことが大事です。まず文字の芸術的形態に本当に没頭して、線画から文字を発展させます。まず国民学校の最初の学年で、ファンタジーに働きかけるのです。九歳以前の子どもに、自然科学的な説明をするのは有害です。自然科学的に甲虫や象を現実的に叙述するのは、九歳以前の子どもには有害です。現実的な思考ではなく、ファンタジーに働きかけねばなりません。

私たちは、そのようにできるにちがいありません。私たちはクラス全体に向かい合って、本当に観察のできる手腕を持たなくてはなりません。風通しがよく、健康上問題がなければ、クラスに多くの生徒がいることを、私はそんなに悪いとは思いません。人間と宇宙をいきいきと把握した教師の作用をとおして、おのずと子どもの個性ははっきりしてくるからです。

そうなると、教師は生徒たちにとって非常に興味深い存在であり、生徒たちは自ら積極的に個性をはっきりと示します。受動的に個体化されるようにしてはなりません。大事なのは、おのずと教師と生徒がいきいきと接触するように、クラス全体を扱おうと試みることです。いきいきとしたものを把握できるように、自分の心魂のいとなみを形成します。そうすると、いきいきと受け取られるものに、生命が語りかけます。

本当に観察の才を身につけると、大人数のクラスでも、いろんなことを知覚できます。さきほど述べたように、芸術的なものを子どもに提供すると、子どもの人相が変わってきます。身体に小さな変化が現われます。子どもに与えた芸術的なものは、のちに抽象化され、知的なものになります。

七歳と九歳のあいだに、神経質な活発さではなく、健康な活発さが人相のなかに現われます。健康な活発さが現われるのは、人生全体にとって非常に重要なことです。人相のなかに健康な活発さが現われることをとおして、後年に世界愛・世界感情が発展します。そうして、心気症や不必要な粗探しなどに対する内的な治癒力を発展させることができます。教師が子どもの外的な人相を、九歳で、以前の顔付きから変化させられなかったら惨事です。

大人数のクラスに怯む必要はありません。国民学校の期間中、教師を代えないのが最良です。これに異論があることは、承知しています。しかし、一年生を受け持った教師が、国民学校修了までクラスを持ち上げるのがベストです。

異論は、すべて承知しています。しかし、クラスが持ち上がって、生徒たちと密接に成長していくのは、あらゆることに勝ります。そうすることをとおして、生徒数の多いクラスの個々人全部とよく知り合っていないことから生じる不都合が取り除かれるからです。時間が経過していくうちに、埋め合わせがなされます。だんだんクラスと一心同体になり、いま述べたようなことを本当に知ります。子どもの人相の微妙な変化に気づくのは、容易ではないからです。

なんらかの根拠から理論的に、「人間の心魂・精神の力と身体との関連を眺めることができる」

と、みなさんに伝えることが、私にとって大事なのではありません。このように人間が一体であるということを把握したら、それを個々の場合に見ることができるまで努力しつづける、ということが大事なのです。

そうすると、適切な方法で教育することによって、生徒たちがいかに独自の人間になっていくか、観察できるようになります。人間は年をとると、傾聴と観察の才を身につけることができます。人間全体が傾聴する、つまり自分が聞くものを表象・感情・意志をもって受け入れるか、あるいは、単に表象と感情に貫かれて聞くか、あるいは、胆汁質的に自分の意志に作用させるか、それを人相からよく読み取れます。

教育者がそのような観察の才を、生活において習得すると、特によいものです。私たちが生活のなかで身につけるものはすべて、子どもを教育するときに、私たちの助けになるからです。

ヴァルドルフ学校で、教師は自分の個性にふさわしい働きをします。それぞれの教師がクラスと一体になっています。こうした一体性から、子どもは発達していきます。個々の教師で、教え方がまったく異なることがあります。それは、よいことなのです。

私がここで語っていることは一義的なものだ、と思う必要はありません。一義的ではありません。よく個別化されるものです。「ある教師は九歳の少年少女の授業を、ある方法でよく行なっている。別の教師は、まったく別様に授業しているが、それもとてもよい授業である。完全な個別化が行なわれているからだ」と、言うことができます。

国民学校の個々の学年のために、人間本性に合ったカリキュラムと教育目標を見出すことが本当に可能だ、と私は思います。そのために、教育者が学校において「主人」であることに、大きな価値が置かれます。なんらかの規範に従うのではなく、教育者自身が学校の主人なのです。

教師は教育方法だけでなく、学校のプラン全体と結び付きます。自分が一年生を教えるか八年生を教えるか、それが国民学校の構成全体に結び付いています。八学年においてどのような方法で教えねばならないかを踏まえて、一学年の授業をします。

ここから出発して、明後日、カリキュラムの特徴について詳細に述べましょう。そして、個々の学年の教育目的を話しましょう。

今日、私たちは唯物論的な文化のなかに生きており、唯物論的文化はカリキュラムと教育目的にも作用を及ぼしています。ですから、ここで話すことは、もちろん未来の理想です。しかし、可能なところまでは実現できます。ドイツ南西部ヴュルテンベルクの学校法のように、なんらかの不備があっても、その不備を補うものを、妥協によって持ち込むことができます。

そのようなものは受け入れられるにちがいありません。それが世界大戦で示された悲惨を抜け出るために、私たちが貫徹しなければならないことと関連しています。

オイリュトミー・音楽・図画・語学

きょうは、シュトゥットガルトのヴァルドルフ学校で試みている規則の説明から始めようと思います。私は最近、八学年までの授業を参観しました。そのあと、私は教員会議で、幾人かの生徒をうまく扱っていない教師がいる、ということに気づきました。一定の期間で達成が望まれていることがらに、いろいろな理由から付いてこられない生徒が何人かいることに気づきました。私は遅れている生徒たちのリストを提出させ、そのようなクラスの子どもたちを、順番にやってこさせました。

そのとき、私はクリスマスでシュトゥットガルトに滞在できたので、このようなことを実行できました。ヴァルドルフ学校の両親たちは、子どもたちと同じく、非常に協力的でした。

私にとって大事だったのは、心理学的あるいは生理学的に問題をどう扱えるかを、クラス担任と確かめることでした。このような生徒の能力の検査は、今日の実験心理学の影響下に行なわれているものよりも、深い原則から出発しなくてはなりません。私は実験心理学が、その境界内にとどまっているなら、なにも反対するつもりはありません。

素質の欠陥については、時折、表に現われた欠陥から非常に遠く隔たったことがらを調べなくてはならない、という原則を通用させようと私は試みました。たとえば、つぎのようなケースです。三年生、つまり八歳・八歳半の子どもが、まったく注意力がありませんでした。その子が注意して聞いているときには、教えることができました。そうでないときは、すぐに忘れてしまいます。その子に、望ましいレベルの注意力を持たせることはできません。

ヴァルドルフ学校の教師たちの落ち着いた態度の影響で、子どもたちは非常に従順です。私はその子に、つぎのような試験をしてみました。「右手で左腕を素早くつかんでごらん」と、私は言いました。そのあとで、私は耳の輪郭を描いて、「これは左の耳? 右の耳?」と、訊きました。

また、私は幾何学的な図形を、他の図形に並べて描き、それらの図形が対照的に描かれているかどうかをその子が感じるか、知ろうと試みました。それがどういう図形か、子どもが理解する必要はありません。対照的に描かれているかどうかを確かめるのに、どれくらい長くかかるかを知ろうと試みました。どれくらいの長さか、時計で測るのではなく、感情で測ります。

このような方法によって、この子が直接的な生活のことがらに才能を持っていることが分かりました。

数カ月後、私はふたたび学校を訪れました。いま述べたようなことを、授業中に二回・三回・四回と行なった結果、その子にいくらかの効果が現われているのがはっきりしました。形象から出発すると、いつも子どもに作用が及びます。自分の身体に結び付く形象です。子どもの外にある形象、子どもが眺める形象から始めるのではありません。「右手で左腕をつかむ」というようなイメージから始めます。

子ども自身が、そのイメージのなかに入らねばなりません。そのような形象が絶えず子どもに作用するのです。そのようなイメージが子どもに与える印象を、ただ外的に眺められた抽象的なイメージから正しく区別することは、精神科学を知らない者にはできません。

精神科学から出発しないと、子どもが眠っているあいだの時間が、子どもの発達に及ぼす影響を過小評価することになります。人間を観察するときに、眠ってから目覚めるまで経過することに、ほとんど注目しないことになります。

現代の唯物論的な世界観、実際的感覚のなかで、私たちは多かれ少なかれ、精神的・心魂的なものは身体的・物質的なものから生じた、と見なすように迫られています。異論があっても、そのように強いられています。

そのために、目覚めから入眠まで、つまり起きているあいだ、精神・心魂が物質的身体とともにあり、反対に、眠ってから目覚めるまでベッドに横たわっているのは、まったく別の存在だということに、私たちは注意を向けません。

ベッドに横たわっている存在は、自らの精神・心魂を奪い取られています。精神・心魂は、入眠から目覚めまで、身体外の生を送ります。精神・心魂は、身体によって意識を保っています。しかし、心魂の内容を体験するために、身体は必要ありません。眠ってから起きるまでのあいだ、心魂のなかで何かが絶えず進行しています。

そこで生起していることは、精神科学的な調査によってのみ研究できます。そうすると、形象、すなわち相応の感情を呼び起こすものだけが私たちの心魂のなかに入ってくる、ということが明らかになります。私たちが受け取る抽象的な概念、具象的でない概念、動きのない概念は、眠ってから目覚めるまで私たちに働きかけず、直接私たちの心魂のなかに入ってきません。

形象は、自らの身体と結び付いていると、健全に子どもに達します。生活における、このように精妙な区別が、教育技芸の基礎にとって非常に重要です。睡眠中の人間における精神・心魂の作用を、私たちは計算に入れることを学ばねばなりません。その作用は、風と天気の法則や、植物・動物・鉱物の法則をとおして十分に学ぶことはできません。

それらは、もっと昔には作用しました。しかし、そのころ人間は、自分が外的に出会うものに、まなざしを向けませんでした。人間は他のものから、内的に霊感を得ていたからです。人間は外界に導かれていました。

形態の神霊（能天使）より下位に立つ神霊が、当時、形態の神霊の作用に対して支配的な影響を及ぼしていたということを、私たちはどのように理解すべきでしょう。それは地球全体の周期的進化と関連しています。阿迦捨年代記《アーカーシャ》（虚空の記憶）の助けを借りて、透視的なまなざしによって遡って眺めると、今日の地質学の基盤の上になされた思弁とは、まったく異なっています。

カルデア文化期（紀元前二九〇七―七四七年）における人格の神霊（権天使）の活動の背後に行き、ペルシア文化期（紀元前五〇六七―二九〇七年）の大天使（炎の神霊）とインド文化期（紀元前七二二七―五〇六七年）の天使（黎明の神霊）の背後に行くと、アトランティス大陸が没していった時空に到ります。

私たちは次第に、アトランティスの破局のなかに入っていきます。これは、さまざまな民族が「洪水伝説」として示唆している時代です。事実、当時の地球は、今日の地質学が思い描くものとは異なった姿を呈していました。

アトランティス時代をさらに遡ると、また、まったく異なった姿が見えてきます。太古の人間は変形可能な存在でした。洪水以前の地表は、現代人が思い描くものとは異なっていました。当時は神霊存在たちが、まだ強大な作用を地球に及ぼしていた、と思うことができます。

アトランティス時代における働きかけと、ポスト・アトランティス時代における働きかけとのあいだには境があります。その境目に、アトランティスの破局があります。地表の海と陸の配置が、完全に変化しました。この変化は星位、太陽と関連する天体の位置と動きの経過に関連しています。まだ偏見があるでしょうが、実際に大宇宙から、子どもたちの活気と注意力、心魂の目覚めに、非常に深い作用が発しています。文法的に小さなことにこだわらず、実際的な会話で小さな子どもに外国語の授業をしてみると、それが分かります。

私たちの学校に来る子どもは、すぐにフランス語と英語の授業を受けます。外国語の授業に、通常よりも多くの時間を割いています。午後の授業では、音楽的なことだけを行ないます。本来の授業のほかに、私たちは文字の基盤となる線画を行ないます。新入生は、なによりも線画を教えられます。これについては、のちほど詳しく話します。

午後はもっぱら、身体運動と歌・音楽を行なっています。例外は週に一～二時間の宗教の時間で、牧師や聖職者に委任しています。このようなやり方で始めると、あらゆる授業にある芸術的な基盤をとおして、人間全体を把握できます。

なによりも音楽をとおして、子どもは内面化されます。身体の練習は、単なる生理学的な体操と、オイリュトミー（優律詩美《ユーリズミー》）と名付けているものに分かれます。

オイリュトミーは、教育的・教授法的な観点から、「心魂のこもった体操」と名付けることができるでしょう。オイリュトミーを芸術的観点から考察するのは、別の機会に譲ります。心魂のこもった体操が、単なる生理学的な体操に付け加えられます。

今日おこなわれている単なる生理学的な体操は、多かれ少なかれ、人体の研究から出発しています。そうではないという異論が多々あることを、私は知っています。しかし、体操の授業に心魂を浸透させるにしても、単に生理学的なもの、せいぜい心理学的ものしか人々は考えません。今日の自然科学は、もっと深く考えるためのきっかけを与えません。

オイリュトミーはそのようなものとは違って、子どもが行なう動きのそれぞれに心魂がこもっています。どの動きも、単に身体的な動きではありません。音声が心魂の表現であるように、どの動きも心魂の表現なのです。

ヴァルドルフ学校の一～八学年の子どもたち二八〇名のうち、三名がオイリュトミーの授業を好まない、ということが明らかになりました。三名がオイリュトミーを望みませんでした。ほかの生徒たちは、オイリュトミーを大いに喜んでいます。

調べていくと、この三人は活発な活動が好きではないことが分かりました。彼らは、あまりに不精でした。彼らは、人間を単に受け身にする動きを好みます。彼らは、心魂の浸透した動きに入り込もうとしません。

オイリュトミーを理解すると、音声から言葉を解読するように、オイリュトミーから言葉・文章を正確に読み解くことができるようになります。オイリュトミーは、ゲーテの表現を用いれば、「感覚的・超感覚的」な観照をとおして喉・顎・唇の動きを研究し、ゲーテ的な変態《メタモルフォーゼ》の原理に従って、器官の動きを人間全体に移すことによって発生しました。ゲーテは、植物は複雑になった葉にほかならない、という直観を有していました。

「人間が自分の意志で行なえる動きは、言語器官の動きを模したものだ。人間全体が、いきいきと動く喉になる」と、私たちは言うことができます。

この動きは明らかに、子どもの本性に働きかけるものです。音声による発話は、人間の活動全体を喉に局限したものだ、ということを考慮しなくてはなりません。発話のなかでは、表象活動と意志活動が合流します。両者が出合うことによって、感情活動・表象活動・意志活動になります。

私たちの文明的な言語のなかで非常に抽象的になっている表象活動は、オイリュトミーにおいては捨てられます。すべてが人間全体から、意志から流れ出ます。オイリュトミーでは本来、意志が用いられるのです。

オイリュトミーは、夢の反対です。夢は人間に、表象世界を体験させます。夢を見る人間は、静かに横たわっています。眠っている人間が表象する動きは、実際には存在していません。夢のなかで遠足をすることができます。すべては、その人の表象のなかに存在しています。

オイリュトミーの場合は、その逆です。夢を見ているとき、人間は半分眠っています。オイリュトミーをするときは、通常の生活において起きているときよりも、明瞭に目覚めています。夢のなかでは隠されているものを、オイリュトミーでは遂行します。夢のなかで主要な役割を演じるものを、オイリュトミーにおいては抑制します。表象すると同時に動きを行なうのです。

この活動は、もちろん多くの子どもに適しません。私は、そう確信しています。しばらくのあいだ、体操のための時間を、体操とオイリュトミーに分けよう、と私は言わねばなりません。

単なる生理学的な体操は、たしかに人間が求めるものを部分的に達成します。しかし、生理学的な体操は心魂から発する意志のイニシアティヴの強化に、なにも寄与しません。せいぜい、身体の不器用さを克服しやすくするくらいです。しかし、単なる生理学的な体操は、積極的には意志のイニシアティヴに何も寄与しません。この問題には、大きな社会的意味があります。

「私たちは最近の苦境を通過したにも関わらず、今日の人々が自分の意志が麻痺していることをほとんど理解していないのは、なぜなのか」と、私は不思議に思っています。スイスに住んでいて、今日（一九二〇年）のドイツのような地域を見たことのない人は、このような現象を正しく理解しません。みなさんは五〜六年後、あるいは、もっと後に理解するようになるでしょう。ヨーロッパの個々の地域で生じていることは、効果的な治療がなされないなら、ヨーロッパ全体に広がるからです。

そのような事態を目の当たりにしていない地域では、たとえば中欧の人々の心魂の意志がいかに麻痺しているか、思い描くことができません。これは恐ろしいことです。

何週間・何カ月も苦労して人々に示唆を与えたあと、その人々と話すと、「それは正しいかもしれない。でも、もうどうでもいいんだ」という答えが返ってきます。このような話を、私はこの一年、しばしば聞きました。

このようなことがらの根拠を知ろう、と私は苦労しました。単なる生理学的な体操の結果が、このような事態なのです。このような表現を使ったことを、悪く思わないように願います。

生理学的な体操は、意志のイニシアティヴを強めません。意志のイニシアティヴは、子どもの動きによって強まります。子どものころ、個々の動きは同時に心魂的なものであり、どの動きのなかにも心魂が注ぎ込みます。

このような方法で、芸術的・人間的にものごとに取り組むと、幼児がそのような芸術的な授業から得るものが明らかになります。心魂のこもった体操を行なうと、外界への関心が発展するのを、はっきりと見ることができます。オイリュトミーの必然的な成果として、外界への関心が発展するのが明らかになります。

美術史家ヘルマン・グリムは、文科高等中学校《ギムナジウム》を修えて大学に入った学生たちに、芸術史を教えていました。彼はラファエロの絵を見せましたが、どの人物がうしろにおり、どの人物がまえにいるのか、学生たちは区別できませんでした。学生たちは、何が背景にあり、何が前景にあるのか、まったく理解しなかったので、ヘルマン・グリムは絶望しました。彼はしばしば、「私はこれらの学生に芸術史の講義をすることに、まったく絶望的だ」と、私に語りました。

幼いころに、動きに意識的な心魂のいとなみを浸透させることを学んだ子どもたちには、そのようなことは生じません。彼らは、外界を観察することに関心を持ちます。その観察はじつに見事です。

この意志の開発に、適切な方法で、内面性の開発を付け加えねばなりません。正しい音楽と歌を子どもに教えると、内面性が開発されます。そして、両者が調和を保たねばなりません。この調和を達成するために、歌の授業、オイリュトミーの授業、体操の授業が同じ教師によってなされねばなりません。

これを試みると、オイリュトミー・体操の授業をとおして、特に意志から発するものが外界への関係を強め、イニシアティヴに貫かれるのが分かります。そして音楽によって、さまざまな形で心情が内面化していくのが分かります。

これは非常に意味深いことです。このような方法で子どもを研究することを試みると、子どもにおいては一体に見えるものが、人間の体験の二つの源泉から発していることに気づきます。

私は何十年も、なによりも子どもの素朴な線画に注意を向けてきました。子どもの素朴な線画を単に追うだけなら、子どもの線画に迫ることはできません。

子どもが描くときに、何が子どものなかで生じているかを正しく理解するためには、六歳・七歳で線描する傾向を持っている子どもを観察することが必要です。そして、九歳・一〇歳以前に線描するに到らなかった子どもを観察することが必要です。

そのような子どもたちがいるのは、好ましいことではありません。しかし、今日では、そのような子どもがたくさん見られます。一〇歳になって初めて線描した子どもの線画と、六歳・七歳・八歳で線描した子どもの線画には、大きな違いがあります。幼いときに線描するようになった子どもは、非常に素朴に線描します。頭・両目・口、そして、しばしば歯を描き、それから脚を描きます。あるいは、頭・胴を描き、二本の線で腕を表わし、しばしば手などを付け加えます。

このような線描が見られます。教育学のハンドブックには、非常に豊かに材料が集められています。そのような線描を、人間の本質全体から理解することが重要です。しかし、それは今日、非常に困難です。私たちは根本的に、包括的な芸術観を持っていないからです。私たちは人間の芸術的な生産のプロセス全体を正しく把握していないからです。

私たちの芸術観は、近年どのように芸術作品が創造されたかに影響されます。最近になって初めて、抽象絵画において、被造物に対して非常に不十分な方法で反抗が試みられました。「非常に不十分な方法で」と、私ははっきり言います。根本的に、私たちの芸術的な生産全体は、なんらかの方法でモデル、つまり外的な観照に寄り掛かっているからです。

私は人生のなかで本当に多くの時間を、アトリエで過ごしました。そして、今日の芸術家、特に彫刻家・画家が、いかにモデルに依存しているかを見ました。そのために人々は、たとえばギリシア人も芸術的創造においてモデルに依存していた、と信じるようになりました。そのようなことはありません。たとえば「ラオコーン群像」は、ギリシア後期の芸術作品です。この群像の個々の人物の姿に沈潜すると、ギリシアの芸術家がモデルに依存していなかったことが洞見できます。

たしかに、ギリシアの芸術家はよく見ることができて、そのイメージをよく保つことができました。しかし、それがすべてなのではありません。

ギリシアの彫刻家は、身体各部を感じることから出発しました。身体各部の動きを自分で感じることから、芸術的創造を開始しました。たとえば、腕を曲げ、拳を握るのを内的に感じました。単に目で見た外的なモデルを再現したのではありません。内的に感じた人間形姿を、素材に刻印したのです。このように人間を内的に感じ取ることが、ギリシア時代以後のヨーロッパ文明にはなくなりました。

ギリシア人は自分の器官を自己認識し、人間を感じていました。この自己認識がギリシアの詩、ギリシアの劇に入り込んでいることが見出されます。この感受から、のちの時代のあり方への移行を研究しなくてはなりません。人間の有機的自己認識・自己観照・自己感知と、モデルに依存して、目で見たものを直観なしに模倣することから発生するものとの相異を認識できるはずです。

たしかに、ギリシアの芸術家のなかでは、芸術家の欲したものが合流していました。「オリンピック競技などをとおして、ギリシア人は人体の形態を眺めることができた」と、人々は言いがちです。たしかに、そうです。しかし、芸術創造の本質は内的な感知、器官感知でした。

このように、ギリシアの芸術家はモデルに依存せずに創造しました。モデルはせいぜい、外的な拠り所となる題材にすぎませんでした。本質的なものは、この内的な感知、器官の自己認識でした。

「私は原始的で図式的な子どもの線画を見て、子どもの観照と子どもの原始的な自己感知が、器官のなかで合流しているのを見出す」と、私は言わなくてはなりません。子どもが描いた線の一本一本を、「ここでは、子どもは目に由来するものを描こうとしている。あそこでは、内的な感知に由来するものを描こうとしている」と、見分けることができます。

子どもの線画をたくさん見て、子どもがどのように腕と脚を描いているかを見よう、と試みてください。そうすると、それらが内的感知に由来することが分かるでしょう。子どもが横顔を描くとしましょう。それは、目で見たものに由来します。心魂のいとなみの二つの源泉に、素描は由来します。

ついで、ある年齢まで描かなかった子どもの線画を取り上げると、興味深いことが見られます。子どもは多かれ少なかれ、知的なものを描きます。幼い子どもは知性を描きません。体験を描きます。単純な器官感知に結び付いた、原始的な観照を描きます。子どもが口を描くときは、口の輪郭を見ています。歯を描くときは、内的な器官感知から描いています。

九歳・一〇歳になって初めて線描を始めた子どもの線画を追っていきましょう。そうすると、その子の線画は、表現主義の画家よりもずっと表現豊かなのが分かるでしょう。自分が想像したものを、子どもは線描します。事情によっては、特に好んでクレヨンで描きます。

そばで見ている者には、子どもが何を描いているのか、最初は分かりません。注目すべきことに、子どもは何かを描いたあと、「これは悪魔なんだ」あるいは「これは天使なのよ」と言うことがあります。天使のようには見えません。しかし子どもは、「これは天使だ」と言います。その子は知性、自分が空想したものを描いているのです。

六歳・七歳から九歳のあいだに、内的な器官知覚が育成されなかったら、すぐに知性が生い茂ってきます。この知性は根本的に、人間の知的ないとなみの敵であり、社会生活の敵なのです。

私は人類の白痴化に賛成しているのではありません。しかし、知性には寄生的な性質があるのを認識することが重要です。知性は一面的にではなく、人間全体から現われるときにのみ完全なものと見なされるということが重要です。芸術的な線画と音楽の授業が別の授業、特に語学と算数に支えられているときにのみ、この方向で何かが達成できます。

語学の授業の意味全体を知らねばなりません。方言を話す子どもが、方言を話さない子どもと同じクラスにいると何が生じるかを知る機会が、私にありました。そこで、語学の意味が明らかになりました。方言を話す子どもを観察し、方言を話す子どもを指導するのは、非常に重要で興味深いものです。

どの方言にも特徴があります。方言は内的な器官感知のような、人間の内的感知に由来します。内的な器官の感知は、今日の主知主義の下で退きました。内的体験が根本的に、人間を言語のなかに導きます。

しかし、抽象的になった、いわゆる洗練された標準語、教養ある書き言葉においては、内的体験と音声で表現されるものとのあいだに、正しい関係がもはやありません。観照する人間と周囲との関係の微妙な区別は、方言においてすばらしく美しく表現されます。そのような微妙な区別は、教養的な標準語にはもはや感じられません。

私は子どものころ「ヒンムリッツァー」という言葉を聞いたとき、この言葉の音に似たものを、即座に感じました。「ヒンムリッツァー」という言葉を感じよう、と試みてください。この言葉は、ある地方で、稲妻あるいは稲光のことです。この音のなかに、稲光があります。内的に音楽的な方法で、言語が稲光を描いています。内的な感情体験と言語との内密な関連が、方言においては、標準語よりも遥かに強いのです。

さらに別のことが考慮されます。言語の比較研究をすると、原始的な言語のほうが標準語よりも言語の論理が優れていることが分かります。奇妙な現象です。反対のことが予想されるでしょう。黒人の言語は、もちろん、そうではありません。しかし、本当に原始的な言語には、注目すべき内的な論理があります。言語が文明化されると、論理はずっと抽象的で簡単になります。

方言も標準語より内的な論理に富んでおり、方言を使うことによって非常に多くのことを達成できます。村の学校で、方言を話す子どもたちに教えねばならないなら、もちろん方言で始めなくてはなりません。方言で子どもに語らねばなりません。そして、すでに無意識に言語のなかに存在しているものを意識にもたらそう、と試みなければなりません。それは文法です。

文法は根本的に、非常にいきいきと教えることができます。子どもが語るとき、すでに文法は内在している、ということを前提にします。子どもが語るとき、すべてはすでに存在しています。

子どもに合った文章を語らせてみます。その文章の内的な関連と塑性を、子どもは感じます。子どもが無意識に行なっているものが意識的なものになるよう、子どもに注意を促します。小さなことにこだわった分析をする必要はありません。子どもが発話を学んだときにすでに存在している、いきいきとした文法を意識へと引き上げることによって、文法を説明できます。

本来、文法全部が人体のなかに入っている、と仮定することができます。まじめにこのように仮定すると、「正しい時期に、無意識的な文法練習から、意識的な文法をいきいきと取り出す。そうすることによって、子どもの個我意識の成立に働きかける」と、思うにいたります。

通常、個我意識が正しく目覚める九歳ごろ、子どもの身体のなかに無意識に入っているものを、意識へと高めねばなりません。そうすると、成長の経過のなかで子どもは九歳のとき、ユリウス・カエサルが「骰子は投げられた」と言ってルビコン川を渡ったような節目に、時宜を得た方法で達します。

正しい方法で、無意識的なものを意識に高めます。そうすると、大人は成長しようとする子どものなかの力とともに活動します。外から子どものなかに持ち込む力によって活動するのではありません。すでに話すことのできる子どもに、語学の授業をするわけです。標準語を話す子どもと、方言を話す子どもとの交流を、いきいきと発展させます。そうして、語学の授業を支えます。抽象的にではなく、感情に沿って、方言の文章を標準語に移します。

このような語学の授業を一時間半おこなうと、かなり汗をかきます。いきいきとした方法でヴァルドルフ学校で授業しなくてはならない教師も、毎朝一時間半から一時間四五分、このような方法で授業したら十分です。

このようにして意識・自己意識は作られるという認識をもって教師は語学の授業を行ない、ついで線画と音楽の授業で、芸術的なものをとおして作用します。そうすると、この二つのプロセスがたがいに支え合います。

私はまず、語学の授業と、芸術的な線画および音楽の授業との協同について語りたく思います。

私は最近の教育学の入門書を読んで、図画の授業が語学の授業によって害されると主張されているのを知って、奇妙に感じました。語学の授業、そもそも言語は人間を抽象的なものに向かわせるというのです。ものを見ることを忘れ、外界の形態と色彩を追うことを忘れる、と主張されています。

語学の授業を抽象的な方法ではなく、内的な体験から取り出すように行なうと、そのようなことは起こりません。両者は支え合います。自己意識は九歳ごろまでに、少しずつ明らかになっていきます。それは外的な観照に移りゆき、外的な観照が芸術的な感情に浸透していきます。

私はヴァルドルフ学校において、つぎのようにしました。芸術的なものが作用しなければならないからです。子どもが円・四角・三角を描けることで、教師は満足してはなりません。子どもたちは円・四角・三角を感じることを学ばねばなりません。

子どもたちは、曲線を感じながら、円を描かねばなりません。三つの角を感じながら、三角形を描かねばなりません。最初の角を描くときに、「三つの角ができる」と、感じなくてはなりません。四角も、角になるのを感じながら描かねばなりません。線を描く最初から、感情が浸透していなくてはなりません。

ヴァルドルフ学校の子どもたちは、曲線・直線・水平・垂直を単に眺めるのではなく、それらを腕と手で内的に追います。これは、書き方の授業の基礎としても行なわれるべきです。ヴァルドルフ学校の子どもは、最初に垂直と曲線を体験することなしに、Pの書き方を学びはしません。子どもは垂直と曲線について、外的・抽象的に観照するのではありません。感情に沿って観照し、感情に沿って体験します。

芸術的なものから、人間全体から知的なものをしだいに取り出すことによって私たちは、人間全体を育て上げます。身体のなかに生命力を有する、本当のイニシアティヴを持った人間に育て上げます。試験に受かったあと、三〇歳になっても、自分がどこに立っているのか分からないような人間ではありません。この点では、状況は絶望的です。逆説的な表現を使ってもよければ、職業上、人と知り合うと、つぎのような体験をすることがあります。

たとえば、二六〜三〇歳の人に、なんらかの地位に就けるか、試験してみます。特に実際的な職に就いている人々はイニシアティヴを発展させるべきだと望んでも、うまく行きません。「あなたは、これこれを私に望む。しかし、私は自分の職業の商習慣を知るために、まずインドに、あるいは、まずアメリカ西部に行きたい」と、言われます。

つまり、人間はまったく受動的であろうとしています。自分のイニシアティヴから何かを行なおうとするのではなく、世界が自分に何かの機会を与えることを望みます。このようなことを言うのはひどいことだ、ということを私は承知しています。近年の教育と授業が行なわなかったものすべてを、成長した人間から見て取ることができます。しかるべき年齢において、本当にイニシアティヴを心魂のなかで発展させることのできる人間を、教育者は育ててこなかったのです。

イニシアティヴを育成するべきだ、と言うのは容易です。教材・教育が意志のイニシアティヴを枯らすものであってはなりません。教材が意志のイニシアティヴを育てるように作用することが大事です。これが重要なことです。

教員養成の問題

この講義の本質は、精神科学がどれくらい教育技芸に実りをもたらせるかを示すことです。私は、学問としての教育学の改新が直接要求されている、とは見ていません。教育学の原理・原則には、善いものがたくさんあるからです。なによりも、教育技芸の刷新が必要だ、と私は思います。

現存する秀でた教育理論に加えて、教育実践を活発にすることに、精神科学は適しています。精神科学は、いきいきとした精神を把握しようとするからです。いきいきとした精神の把握は、教育技芸に必要な意志の活性化、心情の活性化の源泉です。さらに精神科学は、本当の人間認識の源泉です。人との交流のなかで現われる人間認識、特に子どもとの交流のなかで現われる人間認識の源泉です。

ですから、この方向で話をしていこう、と考えています。この点に注意くださるよう願います。このテーマに関して、興味深い質問がたくさん出されています。特に、きょうの講義に関わる質問がたくさん出されています。

まず、つぎのようなことを述べておきたく思います。言うまでもなく、おのおのの授業は、より知的なものか、より心魂の力に向けられたものかに関係なく、平行して行なわねばなりません。心魂の力に向けられた授業というのは、心情における人間形成、なによりも道徳的・宗教的な点での人間形成に関わるものです。

私たちが心情形成の領域に注目し、さらに道徳的育成と宗教的育成の領域に注目すると、人間全体を取り扱うことになります。人間全体をとおして、心情あるいは意志に働きかけようとするときには、人間が人生の経過のなかで経験する変化を計算に入れねばなりません。子どものときに、すでに変化を経験するし、のちの生活においても変化を経験します。のちの人生の変化に必要な衝動を、私たちは授業・教育をとおして与えねばなりません。

しかし、ほかの授業のなかで人間の心魂と精神への通路を作っておかないと、道徳に関して、心情に関して、特に宗教に関して、子どもに接近することは不可能です。私たちが規則を作って、心情的・宗教的・道徳的な点で子どもに触れることができると思うのは、大きな誤りです。実際は本来、まったく別様になっています。

私たちは特に九歳までの子どもに注目してきました。私が授業をとおして、子どもに適切な関係を持ち、その関係をとおして、子どもの心魂とつながりを持つとします。その関係は、私をとおしてよりも、子どもをとおして結ばれます。そのような関係を持つと、子どもは私から道徳的・宗教的な点で刺激されます。そのような関係を持たず、子どもの心情を閉じさせるような方法で授業すると、私が最良の道徳的な教えと、最良の宗教的な衝動を語っても、子どもは私を受け付けないでしょう。

すでに示唆したように、この特徴は今日まで、ほとんど顧みてこられませんでした。現代の文化の害に目を閉じて、幻想に没頭するなら、なんにもなりません。生命の一方の側に向けてのみ、人間の心魂の永遠性を計算に入れる信仰の影響下にあると、私たちは幻想に没頭します。

私たちは本来いつも、死後の心魂の生活について、よい理解とよい感情を人々に伝えようとします。最初、そのような示唆は理論的なものに思われるかもしれません。そうではありません。このようなテーマについてどのような見解を持っているか次第で、極端に言えば、生活のしなやかさが変わります。私たちの行ない、私たちの発言、そして特に、行動の仕方、発言の仕方が、その見解に左右されます。

死を越えて心魂は永遠であるというのは、もちろん絶対的に正しいのですが、その面だけを示唆する信仰は、人間本性の利己主義から発しています。正確な言い方ではないかもしれませんが、この信仰は人間の利己主義の下に形成されたものです。

私がいま述べていることは、死後の心魂の生存に関する見解の内容には、まったく関係ありません。死後に心魂が存続するということ自体は、精神科学にとって確かなことです。

しかし人々に、特に子どもに、死後における心魂の存続のみを語ると、死後の生を欲する人間本性の利己主義に訴えかけることになります。もちろん、死後の心魂の存続について語らねばならないのですが、それのみを語ると、身体が土に帰ったときに自分自身は無に帰したくないという、人間本性の利己主義に訴えかけます。

そうすることで私たちは、ある意味で人間を地上の人生の課題から締め出します。特に教育者がそのような一面的な見解の影響下に思考・行動すると、人間の発展という課題から締め出されます。

私たちは生まれる前の生にも目を向けるべきです。幼年期から地上の生活が始まり、その生活は死ぬまで続きます。この地上での生活が、生まれる前の超感覚的な生の続きであるということに、私たちは目を向けねばなりません。私たちのなかに生きる心魂・精神は、超感覚的世界から下ってきて、遺伝の流れから形成された身体に結び付きます。

成長していく子どもをそのように見るのは、非常に意味深いことです。とらわれのない目で見ると、どの子どもも一個の謎です。特に教育者にとって、どの子も、解くべき謎です。このように成長する子どもを眺めて、「地上生活のなかに入ってきたのは、精神的な生活の続きだ。地上の人体のなかに受肉した、この精神存在が欲することを正しく導くのが私たちの責任だ」と思います。

そうすると、神聖さという感情に到ります。この感情なしに教育・授業はできません。成長する子どもに向かい合って、その謎を解こうという感情を持たないと、教育はできません。精神的な生活の継続という課題が、物質界で経過する人生に与えられます。これは重要なことです。

教師・教育者はどのような志向を持つかによって、行動の仕方が異なります。例をあげましょう。もちろん、外的な社会生活においては、人間の行動がまず考慮されます。しかし私たちは、成長する子どもに向かい合うとき、人間の最も内なる性向に向き合います。性向が性向に作用します。性向の基盤にある衝動しだいなのです。

この性向があると、教育・授業の課題に対する責任感が出てきます。この責任感なしには、私たちは本来、うまく教育実践ができません。すべてが、この責任感に貫かれねばなりません。この責任感に貫かれねばならないということを、きょうは詳しく考察したいと思います。見かけ上は、このような考察から縁遠いことがらです。

きのう述べたように、人間存在の活動全体は、二つの源泉に由来します。このことを正しく見ると、人間が生のなかにもたらしたものと、この物質生活をとおして形成されるべきものとのあいだに存在する差異に目を向けることになります。

きのうまで私が述べてきた源泉は、人間が超感覚的な生から物質生活のなかにもたらすものを示唆します。もう一つの源泉は、人間がこの世の生活から汲み出すべきものを示唆します。

永久歯が生えると知性が生まれ、性的に成熟すると意志が人間のなかに入り込む、と私は示唆しました。そのように示唆することによって、私は二つの視点から、双方の源泉の特徴を述べました。視点は多数あります。人間に向き合い、人間の知性に注目することによって、人間が誕生をとおして物質存在に持ち込んだものを、私たちは見ます。私たちは人間の意志に向き合うことによって、人間が物質界から取り入れるべきものを人間の高次の本性に合体させる、ということを意識しなければなりません。物質的な生活の闘争、物質的生活をとおして生じる、世界との調和と不調和すべてのなかで、人間の意志は育ちます。人間本性から知性が現われ出ます。その知性を、私たちは人間本性から誘い出そうと試みなくてはなりません。

ただ、多くの誤解が見られます。教育学的な真理を語るとき、多くの誤解が生じます。生活のなかで本来二つの面を持つものを、人々は一面的に語ろうとします。「すべてを人間のなかに詰め込むべきだ」と、「すべてを人間から取り出すべきだ」、あるいは「すべてを人間から取り出すべきだ」と、人々は常に言おうとします。もちろん、両方とも間違いです。「表象すべてを人間本性から取り出さねばならない」ということが、あらゆる表象について、ある程度通用します。あらゆる意志について、「人間の体験するものが、その人を形成する」と言えます。それだけではないにしろ、体験が人間を直接形成します。

人間は意志を、この人生から取り出します。ですから、私たちが子どもにどのように向き合うかが、意志の形成にとって非常に重要です。子どもが私たちを模倣でき、子どもが私たちの言動を身近かで体験できることが重要です。

そのように子どもが体験したものが、およそ七歳以後、「権威」になります。通常、人生に関して、「あれかこれか」が正しい、ということはありません。「あれもこれも」正しいのです。あれもこれも、人生に働きかけます。私たちは多くを、子どもから取り出さねばなりません。特に子どもの意志の形成のために、できるだけ多くを世界から取り出せる環境に子どもを置かねばなりません。

ここから、教育問題と言われるものの多くが、教師問題であることが分かります。教師・教育者の質の問題です。きのう始めた考察を進めるまえに、教育・授業全体を貫くべき要素の特徴を、ある面から述べたいと思います。

人間は非常に一面的になることがあります。永久に真面目な、けっして笑わない教師面で授業することがあります。いつも警告ばかりする教師、いつもまじめでしかいられない教師面で授業するのです。もしも素質があれば、授業に持ち込む厳格さを少なくすることができるでしょう。真面目一方も不真面目一方も、人生を非常に害する結果に到ります。

それは、呼気と吸気のどちらがよいか、と考えるようなものです。自然については、そのように考えはしません。不合理だ、と気づくからです。しかし、精神的な要件に関しては、すぐには不合理に気づきません。

呼気と吸気のどちらがよいか、ということが問題ではありません。人間は息を吸ったり吐いたりしなくてはならない、ということが大事なのです。そして、息を吐くべきときに、息を吸おうとするのは本性に反する、ということが重要です。息を吸うべきときに息を吐くのも、本性に反します。

人間のなかに、厳密なリズムがあります。そのリズムに沿って、一分間に平均一八回呼吸します。このように、人間の生活全体が、ある意味でリズムに沿っています。そのリズムの一つが、ユーモアと真面目さとの交替です。ほかにも多くのことが関与しますが、ユーモアと真面目さの発生に目を向けてみましょう。それを解釈しようとしないで、人間本性から認識しようと試みましょう。

ユーモアは、少なくともある面で、人を笑わせます。ユーモアは本来、何を生み出すのでしょう。ユーモアの印象ゆえに声に出して笑うか、心魂のなかで笑うかするとき、人間が自分から解き放たれるのです。

一度、ものごとを思考的・感受的に考察しよう、と試みてください。ユーモラスなもの、ユーモラスな体験によって、私たちは自分から解き放たれ、夢への道に踏み込むのが分かります。

私たちは、その道を完全には進みません。すぐに、その道を離れます。私たちは完全に意識を保っています。しかし、ユーモアの方向は、夢への道の始まりです。我を忘れていることが、笑いによって表現されます。

最初、人間は自分が身体的・精神的に体験するものを、人相のわずかな動きによってのみ表現できます。笑うとき、精神・心魂、精神科学で個我とアストラル体（感受体・心魂体）と言われるものが、物質的身体とエーテル体（形成力体・生命的身体）から、主導権を持って抜け出ます。ユーモラスな体験をすることによって、人間の心魂・精神は広がります。

真面目さの極端な例を見てみましょう。〈泣く・悲しむ〉というのは、自分を圧縮することです。心魂・精神を物質・身体に密接に結び付けることです。〈泣く・悲しむ〉はまじめさの一面です。〈泣く・悲しむ〉は、そもそも真面目さのなかに存在するものをあらわにします。ユーモラスな気分は、心魂・精神を拡張します。真面目な気分は、精神的・心魂的本性を物質・身体のなかに詰め込みます。

私たちは小さなことにこだわる教え、愛情の押し売りのような教えに耽ってはなりません。笑うと人間は利他的であり、真面目だと利己的である、と言うことができるでしょう。

この主張は、みなさんには抗弁の余地のあるものに思われるでしょう。たしかに、あらゆる主張は、抗弁の余地のあるものです。どの主張も、全面的には通用せず、限定された領域で通用するからです。

「真面目さは利己的だ」と私が言うとき、「人間は利己主義を克服すべきだ、と真面目に説教することがある」ということを明らかにしなくてはなりません。過激なことを私は言います。利己主義に対して利己主義的に戦うと、どういう結果になるでしょう。自分は利己的でなく、無私であると感じるのです。自分について熟考すると、「無私である」という官能的快楽を感じます。

このようなことについて幻想に耽らず、「利己主義者は多くの人々を愛するのを好む」ということを明らかにしておくのがよいのです。多くの人々を愛することを自慢し、利己主義が満足されるのです。このような無私の人は、あらゆる種類の称賛を勝ち取ろうとします。すくなくとも、自分のことを考えて、自分を称賛します。これは人間本性の現実に相応している、と考察すべきです。心魂的な快楽を増すに到るような解釈・定義を欲するべきではありません。

大事なのは、ユーモアに富んだ気分と真面目な気分が人間のなかで交替すると、心魂・精神のいとなみが支えられるということです。肉体の生命が呼気と吸気によって支えられるのと同じです。呼気は外界への帰依であり、人間は自分から離れます。吸気において、人間は利己主義に耽ります。そのように、ユーモアにおいて人間は遠くに流れ去ります。そして真面目さにおいて、人間は利己主義的に自分のなかに集中します。

この両方の気分のあいだを、特に授業中、教師の態度をとおして、子どもの生命が流れていかねばなりません。

教室に入って、一種の抽象的な義務感の下に、「さて、交互に、ユーモラスになったり真面目になったりしなくてはいけない」と思うのは、非常に困難です。このような任務を自分に課するのは、もちろん不可能であり、笑止千万なことです。ありえないことです。困難な個人的体験をしたあと、翌朝の授業にユーモラスな趣きを添えるべきだというふうには、だれも要請されません。

精神科学的な方法で授業の内容を取り扱い、熱中するなら、そのような抽象的な義務は必要ではありません。精神科学的な方法だと、人間の個々のいとなみへの関心が客観的なものになるからです。

三時に教室に入って、生徒になにかを教えることになっているとしましょう。精神科学に立ち向かうように、教材に取り組みます。精神科学に熟達するように、教材に熟練すると、私は外界に干渉せず、私自身の気分は消え去ります。そのようにすると、教材の客観性をとおして、教材が私に、正しい時間にユーモアと真面目さを吹き込みます。そうして、おのずとうまく行きます。

これが、精神科学が教育技芸にもたらすことのできる、実践的な実りです。教師の態度にいたるまで、精神科学は教育技芸に実りをもたらすことができます。正しく呼吸できないときには、正しい呼吸プロセスを回復するために、医者が必要です。同様に、健全な人間として子どもに作用すべき人々が、教材の客観性に従うことができるように、精神科学的な教育の治癒的な影響が必要です。

新しい教育原則を立てることが、現代において大事なのではありません。新しい精神文化を呼び出すことが重要なのです。そうすると、私たちの主観性を本当に克服して、私たちの課題に向き合えるようになります。このように教えること、あるいは少なくとも子どもの本性からそのようなものを取り出すことを、ヴァルドルフ学校の教師たちは試みます。

事実、ヴァルドルフ学校で私たちが働いてきた短い期間のなかで、つぎのようなことがありました。私が選んだ方向に、教師たちは完全には同意しませんでした。「多分、それはあまり役に立たないでしょう。それは、細かなことにこだわりすぎです」と、彼らは私に言いました。私は困惑しませんでした。普段は精神的・道徳的・心情的な能力を正しく用いる人が、細かなことにこだわるかどうかを調べるのが問題ではないからです。細かなことにこだわる性向を、適切な方法で、人類への奉仕に役立てることが重要だからです。細かなことにこだわる性向を躊躇なく締め出すと、いかに人生がうまく行かなくなるか、みなさんにはお分かりでしょう。

精神科学をいきいきと受け入れると、生活の具体的な領域をとらわれなく説明することが容易になります。精神科学をとおして、細かなことにこだわる特質の過剰な作用が止むからです。精神科学的な態度で授業に精通したあと、細かなことにこだわって語られたものは、授業のなかで非常に刺激的になるのが明らかになります。

あれこれの先入観に満ちた理念から行動するのではなく、生活から行動することが重要です。それが、今日わたしたちに必要なことです。社会主義は一つの理論によって全世界を形成しようとします。人類進化に対する現代の課題は、生活から活動することです。

きょう私が述べたことが、きのう語学・オイリュトミー・体操の授業について述べたことに付け加えられます。きのう話したことは、きょう述べたような方法で振る舞う教師によってのみ、正しく行なわれるからです。

こうして、非常に興味深い問いに到ります。私に寄せられた質問で、いま述べたことに関連するものです。一二歳半の女子生徒が「行儀」の成績が〈2〉でした。

彼女は個人的な話し合いのなかで、「わたしは私立学校で、いつも良い成績をとっていました。けれども、いつも品行が〈2〉でした。それから、わたしがとても好きな先生が担任になりました。そうしたら、わたしは〈2〉をとることがなくなりました。しかし、そのあと、その先生の息子が授業をするようになりました。そうしたら、また同じことが始まりました。この学校でも、いままで、そうなのです」と、語りました。

この質問は、きょう述べたさまざまな点に関して大きな刺激を与える、と私は考えます。授業と教育には、二つのことが必要です。一つは、子どもからできるだけ多くのものを取り出す術《すべ》を、私たちが理解することです。私たちはまず、表象を取り出します。もう一つは、子どもが自分流に私たちを愛することができるように、私たちが子どもとともにいる可能性を持つことです。

苦労して教え込まねばならないものが、場合によっては本能として存在することがあります。これは複雑な心理学的問題で、いま直接、取り上げることはできません。しかし、私たちが労苦して学ぶものが、人によっては本能のように、やすやすと手に入ります。彼らは子どもたちから、おのずと愛されるでしょう。それは個々の場合、非常に美しいことです。

しかし、文化・文明の進歩のためには、私たちが自己教育をとおして、そのようなあり方を達成することが重要です。精神科学に携わっている者らしく世界に生きることを試みると、それを達成できます。映画館に座って映画を見るような態度で、精神科学に取り組むことはできません。内的に体験していくことによってのみ、精神科学に関われます。

「私の『神秘学概論』を、内的に体験することなく読んでみてごらんなさい。そこに述べられていることを便覧のように考えたら、精神科学はみなさんにとって、まったくからっぽのものになります。精神科学は多くの人々にとって、からっぽのものになっています。楽譜を考察するように、『神秘学概論』を読んでみてください。個々の部分すべてを自分から取り出すなら、そのように取り出すことによって、自分のなかで力が発展します。そのようにしないと、その力は人間本性のなかに閉ざされたままで、現われてきません」と、私は言ったことがあります。

この力は、特に子どもへの関係を発展させます。その力が発揮されると、子どもたちが私たちに注意を向けるようになります。私たちのなかの精神的な力を取り出すプロセスが生じると、私たちと子どものあいだに、心魂から心魂への直接的な絆が結ばれます。この絆は、子どもの心情・道徳・意志の指導にとって、大きな意味を持ちます。

全体の四割が腕白小僧、道徳・心情の点で無作法な子どものクラスを、道徳的で情け深い警告、抽象的な言葉によって静かにさせることは、ほとんどできません。声の抑揚や気力によって、しばらくのあいだ、なにかを達成することはできます。しかし本質的には、なにも達成されません。

つぎのようなことについて、経験を積んでみてください。授業の準備をするに当たって、通常の準備に加えて、瞑想的な準備を行なってみるのです。この準備は、みなさんが行なう授業の内容ではなく、みなさんの心魂の気高さに関係するものです。世界を見通す要素・感受・感情に関わるものです。夜に、このような内的・瞑想的な静観を行ない、朝ふたたび、その静観を振り返って思考・追体験することによって、その静観をいきいきとさせます。そうすると、みなさんが教室に入るとき、ある作用に気づくでしょう。

私は迷信を語っているように思われるでしょう。この点については、理論を述べるべきではなく、観察すべきです。観察すると、確認できるはずです。それが大事です。

このようなことを観察する傾向が、現代人にはほとんどありません。しかし、現代の悲惨から抜け出ようとするなら、このような観察に順応しなくてはなりません。そのような観察が、特に教育技芸にとって、確信を生み出します。

いま話題にした女子生徒に関しては、彼女の意志の育成は、彼女の好きだった先生との個人的な関係の影響下にあったということが、非常にはっきり示唆されています。子どもにおいて、性的な成熟ののちも、意志の教育は個人的関係から印象を受けます。

このことについては、好き勝手な哲学的思弁が可能でしょう。しかし、心情と意志の形成にとって個人的な関係が決定的である、と考えない哲学は生命を害します。このようなことがらを扱うのを恐れないのが、本当の生活認識です。教育技芸が精神科学によって実り豊かになることをとおして発生するものを真面目に受け取ると、多くのことが明らかになります。そうしないと、多くのことがまったく不明瞭なものにとどまります。

ついで、もう一つ、非常に興味深い質問があります。

通常、どの小学校にも、特に男子校に、精神薄弱ではないのに、どの学科の勉強にも愚鈍な男子が、すくなくとも一人はいます。しかし、その子は素描に注目すべき才能を示します。観察本能と、本物の芸術感情を持っています。その子は正確な観察をします。その他の学科における愚鈍さは、ほとんど常に、一種の道徳的な弱点、および、あれこれと思案する利己主義に関連しています。その子は、自分自身から抜け出ようと奮起することができないように見えます。

このような状態の原因は、精神科学的に考察すると、どう解明できるでしょうか。教師はこのような生徒をどう扱って、知的な能力、特に道徳的な強さを発展させられるでしょうか。自分で決断・実行する力を、どのように発展させられるでしょうか。

このような質問を、私は受けました。このように具体的・個人的な生活から出された質問に向き合うと、乗り越えられない障壁のまえに立っているような感じが、いつもします。精神科学をとおして世界の現実のなかに入っていくと、多くの皮相さが消えてなくなります。そして、精神科学的な考察をとおして、ものごとを軽はずみに扱わないという態度が身につきます。

精神科学的に考察して、このような質問に対して理論的にしゃべっても、重苦しい感じしかしません。あれこれ理屈を並べたり、つべこべと哲学的なことを言っても、答えにはなりません。人生において個々の事実は、いつも、まったく独自のものであり、特別のニュアンスを持っているからです。そのニュアンスを、まず処理しなくてはなりません。精神科学においては、厳密な意味で、いつも繰り返し経験に向かい、経験から、そのような問いに答えようとします。

さて、このように乗り越えられない障壁を少しでも克服するために、いかに道を見出そうと試みることができるか、みなさんに示そうと思います。

私は非常に意志の薄弱な男の子を知っていました。たとえば、その子は通りに立っていて、市街電車に乗ろうとしていました。しかし、意志が弱いので、電車がやってきても、電車に乗る意志を持てないのです。あそこに行くために電車に乗るのだ、と考えるのですが、乗ることができません。電車は行ってしまい、その子は立ち尽くしています。

この子は成長して、非常に知的な青年になりました。それは私にとって謎でした。この謎は、独特の仕方で解かれました。

その子の父親が、意志の発展は心魂の特性に属さない、という見解・世界観の持ち主だったことに、私は気づきました。それは、たしかに一個の見解です。この考えは集中していって、意志を心魂の特性から取り去る哲学を構築するに到りました。この父親の場合、自分の見解はまだ本性になっていませんでした。その見解は、まだ身体器官を把握していませんでした。

父親においては思考内容であったものが、息子においては習慣になります。この息子が遺伝をとおして受け取ったものが、意志は心魂の特性に属さないという考えをいつも聞くことによって強められました。

その考えは、口に出して語られはしなかったかもしれませんが、そのような見解が背後にあったわけです。このように人間は、非常に複雑な状況をとおして、人生を生きていきます。

個々のケースを正しく眺めると、判断が可能になります。ものごとを総括的に考察・把握することが可能になります。

もっと他の例に言及することもできます。そうして、人間がいかに「表象・感情・意志」という三つの心魂の能力を組み合わせ、発展させるかが分かります。

いつも、感情から何かが思考のなかに移っていきます。私たちは本来、厳密な自己教育をしたり、道徳あるいは宗教の理想に帰依している場合を除いて、まったく純粋な思考をすることはありません。通常の生活において、外界についての思考において、そして、ほかの人々と共に考えるとき、私たちの思考はいつも感情に浸透されています。「私たちの表象は感情と類縁である」と、言うことができます。感情は表象に刺激されるので、表象のいとなみの特性を反射します。

私たちの意志は、別の面で、感情と相互関係にあります。個々の意志同士のあいだには、大きな差異があります。意志は中立的な衝動でもありうるし、感情の熱に震えることもあります。

人によっては、感情が意志を食いものにして強められることがあります。その際、感情は分け前が不当に多く、意志は損をするという関係になります。そのような人の場合、少年時代に、本来なら意志のなかに移行すべきものが感情のなかにとどめられたのです。そうして、行動のイメージで満足して、行為そのものへと進まないのです。

これが、ここで語っている人物です。そのような子どもの感情があれこれのものごとにどれほど反応するかを観察し、線描だけに没頭させるのではなく、なによりも全身を動かすようにしなくてはなりません。

このように道徳的な弱さを示す子どもに、心魂の浸透した体操、つまりオイリュトミーが健全に作用するということを示唆したく思います。オイリュトミーは、単に手で線描するのではなく、全身を使って空間のなかで線描します。オイリュトミーを九歳までの子どもに行なわせることが必要です。

人間の諸能力の相互作用に注目することが大事です。生活を観察することを学ぶと、心魂の力と人間全体の力が相互作用するように、子どもに作用を及ぼせるようになります。精神科学の修行を正しく行なうと、生活を正しく観察できるようになるということに、きょうの話を終えるにあたって、言及しておきたく思います。

原則的に、人間は生活の最も重要な事実を忘れます。あるいは、ユーモアと真面目さの正しいリズムを見出せません。市街電車に乗れない青年を笑い者にしているだけなら、正しいリズムを見出していません。

たしかに、彼はユーモアの対象ですが、ユーモアから真面目さに移行できなくてはなりません。そうすると、そのようなことがらが、生活の他の事実と結び付きます。そして、生活と合生すべき心魂が私たちのなかに生きます。このような人についてユーモラスに語れないと、十分に真面目に考察することができません。真面目かユーモアか、どちらかにとどまってはなりません。

このような生活考察が、特に教師・教育者には必要です。正しい精神科学的な自己教育をとおして、このような考察が私たちのなかでなされます。

このことについては、次回の講義で話しましょう。

九歳から一二歳までの動物学と植物学

さまざまな側から、カリキュラムの編成、教育目標の形成について、子どもの発展に沿って示唆しようと試みてきました。特に、永久歯が生えはじめる六〜七歳から、性的に成熟する一四〜一五歳までの時期の性格を、一つのまとまりとして述べようとしました。

そして、この時期のなかに、より小さな区分として、およそ九歳までの期間があることを示しました。この時期におけるもう一つの重要な転回点は一二歳ごろです。九歳、一二歳、そして、おおよそ学校を卒業するときに相当する一四〜一五歳という三つの時点は、カリキュラムの作成と教育目的の設定にとって基準となるものです。

「人間のなかに存在している素質の力すべてを人間から引き出すことが、教育において重要である」と思うと、子どもの成長を追っていくことが基本になる、と人々は考察するに到ります。正しい方法でそのように観照すると、「人間の本質のなかに隠れている力を本当に開示するために、教材と教育のすべてを用いなければならない」と、私たちは思うでしょう。

個々の知識を受け取ることに、子どもの力を使わせるのが大事なのではありません。私たちが子どもに教える知識の作用によって、子どもの本性から力を引き出すことが大事なのです。

これは、子どもの身体・心魂の性質が、九歳まで、一二歳まで、それ以降となるにつれて、いかに異なっているかを顧慮しないと、うまく行なえません。なによりも、本来の判断力、人間が自分で判断することを可能にするものは、性的に成熟するときに初めて完全に現われる、ということを知らねばなりません。判断力は一二歳から、ゆっくりと準備されます。

九歳までに、権威の下に成長したい、という傾向がすでに存在します。しかし、九歳までは模倣衝動と言われるものが、まだ働きかけています。ついで、模倣衝動が消え、権威への愛着が残ります。そして一二歳で、権威の指導の下に自分で判断しよう、という決定的な衝動が発展しはじめます。権威への愛着は、まだ作用しつづけます。独自の判断を一二歳以前に行なわせると、子どもの心魂・身体の力を崩すことになります。判断の体験全体を殺すことになります。

完全には干からびていない人間にとって、なにかを判断して「イエス」と言うか「ノー」と言うかは、どちらでもいいことではありません。「イエス」と言わねばならないか、「ノー」を言わねばならないかによって、私たちは快と苦、喜びと苦痛を感じます。

人間は利己主義的に、ものごとを快く、あるいは苦しく感じています。生命全体と世界全体を快く、あるいは苦しく感じるように、今日の人間は教育されていません。そのようなあり方をとおして、多くのものが人間から失われます。

また、世界を体験できないことによって、社会的意志にも影響が及びます。ですから、単に教材のなかで正しい概念を形成することに特別の価値があるのではなく、正しい世界感受、世界のなかに正しく位置できることにも意味があります。

今日の人類においては、社会的関係のなかで、一つの判断がほとんど唯一支配的なものになっています。「世界は、すべての人間にとって一種の地上楽園のようにならなくてはいけない」と、人々は言います。東欧の極端で急進的な社会主義者は、なんらかの理論から、一種の地上楽園ができるように社会生活を形成することを、もっぱら欲しています。現実には楽園が地獄になっていても、それはもちろん別の問題です。

どうして、そうなるのでしょう。この判断の代わりに、ほかの判断を据えてみましょう。そうすると、地上の生活全体をなんらかの社会的な強制によって一種の楽園にする、という判断が病んでいることに気づきます。

ニーチェ主義を宣伝しようと思って、以下の話をするのではありません。説明のために、つぎのような話をするのです。ニーチェの最初の著書は、『音楽の精神からの悲劇の誕生』です。多様で、非常に刺激的な理念が、この本には含まれています。そして、それらの理念は頻繁に論難されます。

この本には、ギリシア民族は多くの人が述べているような、明朗で快活な民族ではなく、人生の根本に悲劇、人生の悲しみを背負い込んでいた、と書かれています。ギリシア人は、生まれてから死ぬまでの人生、地上で過ごす人生は、隈なく幸福なものではありえない、と感じていました。人間の課題は、この地上生の彼方にあったのです。

ギリシア人は地上の人生の不調和を特に感じ、力強い慰めを芸術のなかに見出した、とニーチェは考えました。「芸術は、特にギリシア人において、地上の不調和を越えたところに存在している」と、ニーチェは思いました。彼はそこに芸術の発生を見ました。そして、特に音楽のなかに、地上の不調和を越えていくものを、ニーチェは見ました。

私たちの干からびた、無味乾燥の計算的な思考と、人間が音楽をとおして体験するものとが対立しています。音を数で算出できると考えると、音響物理学・音響学になります。しかし、音楽的世界に没頭する者からは、計算できるものが完全に退きます。音楽において、知的なものは完全に覆い隠されます。知的なものは音楽のなかで眠ります。

それをニーチェは特別に感じました。彼はそれを、「音楽における悲劇的なもの」と名付けました。ニーチェは特別の体質によって、一九世紀の唯物論が人類にもたらしたものを正しく感じた人間でした。そのような理念から生じる教育施設を、彼は夢見ました。本当に人生の慰めの源泉になりうる教育施設を、彼は夢見ました。

ニーチェは本当に、一九世紀が必要とするものの多くを、自分の人生をとおしてあらわにしました。この人物の行間を読むと、彼自身の教育、彼が受けた授業に欠けていたものを、彼が繰り返し示唆していることが分かります。ほかの人々が一九世紀に、多かれ少なかれ心魂の眠った状態でやりすごしたものを、彼は深く内的に体験することを運命的に定められていました。

ニーチェのなかにあった力は深く下方にとどまった、と感じられます。その力は取り出されませんでした。そのことを、天才的な人物は、ほかの人々よりもずっと悲劇的に感じます。

子どもの人生において、六〜七歳と一四〜一五歳のあいだに三つの段階があるということに、あちらこちらで注意が向けられている、と言うのは容易です。しかし、そのように正しく、人生の諸段階が教育実践において設定されたことは、いままでありませんでした。これが特に実現しなくてはならないことです。

九歳で、子どもは本当に、自分の存在が一変するのを体験します。この体験は、子どもの心魂のいとなみの意味深い変化、子どもの身体的・物質的体験の意味深い変化を示唆します。このときから子どもは、自分が周囲から分離するのを感じます。子どもは、世界と自分を区別することを学びます。

正しく観察すると、「この人生の転回点までは、世界と個我が、多かれ少なかれ子どもの意識のなかで合流していた」と、私たちは言わなくてはなりません。

おおよそ九歳から、子どもは自分と世界を区別します。九歳以後の子どもにもたらす教材と教育において、このことに注意しなくてはなりません。それまでは、事物を人間から切り離して描写したり、人間から切り離して事物の特徴を述べると、子どもを混乱させます。

私たちが子どもに寓話やメルヘンを語るとき、動物や植物について、まるで人間について語るように話します。動物や植物を擬人化します。子どもは自分と世界をまだ区別していないので、動物や植物を擬人化するのは正しいことなのです。このような理由で、子どもは世界を、自分自身のなかで体験されるものに似ていると見ます。私が語っているのは、子どもの生活を九歳で貧しくするのではなく、豊かにするものだということを明らかにしなくてはなりません。

私がこのように語るのは、みなさんには逆説的に思われるでしょう。人がしばしば子どもの生活について語るものは、本来、子どもの生活を豊かにせず、次第に貧しくします。

子どもは机の角にぶつかって痛みを感じると、怒って机を叩くと、よく言われます。子どもの心魂のなかにはアニミズム（精霊崇拝）がある、と言われます。子どもは机に生命を付与し、子どもの心魂が机のなかに入り込むというのです。これは、ありえない理論です。子どもは自分を直接生命的なものとは考察しないからです。子どもは机のなかに入り込んで擬人化するのではありません。子どもは自分を、机よりも生命的なものだとは考察しないのです。子どもは机を眺め、外的に机に体験する以上のものを、まだ自分に体験しません。子どもは机を擬人化しているのではありません。

このように表現してよければ、子どもは自分の人格を「机化」しているのです。子どもは自分の人格を、机よりも豊かなものとはしないのです。

子どもにメルヘン・寓話を語ると、子どもが外界から把握できる以上のものを、みなさんは子どもに語ることになります。このあり方は、九歳まで続きます。それ以後は、子どもが個我と世界を区別するのを学ぶ、ということを計算に入れます。つまり九歳から、植物と動物について、初めて博物学的に語ることができるのです。

私は、早期の博物学的な考察が子どもに及ぼす作用について、本当に熱心に研究しました。早期の博物学的な考察は実際、のちに子どもを無味乾燥にします。早期に博物学的な概念を子どもに教えると、無味乾燥になり、人の皮膚の黄ばみに気付くような観察者になってしまいます。子どもが九歳のとき、私たちは博物学的な概念を子どもに教えはじめることができます。生命的な概念でなくてはなりません。この年齢で、子どもに鉱物・無機物のことを教えるのは、できるかぎり避けます。

人間以外に生命あるものは、二つの領域、すなわち動物界と植物界のなかに存在します。しかし、動物の特徴の科学的叙述、植物の特性の科学的叙述を、子ども向けの簡単な本によって、外的に子どもも受けするように話そうと試みると、私たちは子どもに向き合えません。

博物学の本は、ほとんど全部、博物学的な学識を濾過したものにほかなりません。それは酷《ひど》いものです。

他方では、人々は自然科学的な実物教育に基づこうと試みます。実物教育についての方法論的な本があります。しかし、そうすると反対の誤りを犯します。陳腐なもので一杯になるのです。子どもも自身がすでに知っているもの以外は、なるべく子どもに語らないようにして、一目瞭然のものを子どもの本性から汲み出そうと試みられています。そうすると、陳腐になります。

方法論の入門書、方法論の指導書は恐ろしく陳腐なので、絶望的です。「このようなものが学校で用いられると、有害な陳腐さが子どものなかに植え付けられる」と、感じられます。子どものころに経験した陳腐さは、のちになって、生命の荒廃として表われます。すくなくとも、喜びに満ちて子ども時代を振り返ることが不可能な人生を形作っていきます。

しかし、喜びに満ちて子ども時代を振り返るのは、人間にとって必要なことです。全生涯を貫いて、私たちが学童期を楽園のように振り返ることが必要です。楽しいことだけを体験したからではありません。楽しいことだけを体験したかどうかは、そんなに問題ではありません。

多くの人が子ども時代に飢えたり、無理解な先生に叩かれたり、愛情のない扱いをされたりすることがあります。もちろん、それらのことに対しては可能なかぎり戦おうとするのが、教育学の原則でなくてはなりません。しかし、そのようなことが起こることがあります。

それでも、少なくともある面から、世界への関係を持つ可能性を子ども時代に受け取ったなら、子どものころの生活を思い出すことは生気の源泉になります。博物学的な教材を正しい方法で子どもに与えることをとおして、私たちは世界との関係を獲得しなければなりません。

子どもに、動物の綱と種《しゅ》、あるいは植物の綱と種を記述しても、なんの役にも立ちません。そのように記述してから、無味乾燥にならないために、子どもと散歩に行って、野外の植物を示しても、たいして有益ではありません。たしかに、本能的な素質にしたがって、ある教師はよく作用を及ぼし、別の教師はあまり作用を及ぼしません。教師は、自然への愛着をとおして、子どものなかに多くのことを刺激します。

しかし、精神科学から人間のなか、人間の心情のなかに移っていくものは、いくらか異なったものです。それは私たちに、人間と世界全体とのいきいきとした共属感をもたらします。

一九世紀前期に、まだ多くの人々が、動物界は拡張された人間であるという感情を持っていたことを、現代人は笑いものにします。さまざまな動物の綱があります。ある動物の綱は、ある方向に一面的に形成されました。別の動物の綱は、別の方向に形成されました。私たちはさまざまな動物の綱・属・種などを概観できます。

動物に分配されたものすべてが、人間の諸力・内的形態に含まれています。そこから、ロレンツ・オーケンの自然科学的考察は出発しました。オーケンは熱心に、そのように主張しました。自然界に、低級動物がいます。それらの低級動物は原始に存在していた、と今日の唯物論的な科学は語ります。それらの低級動物はしだいに完成されていき、そこから今日の人間、完成された物質存在が発生したというのです。

この講座は教育学に関するものですから、このテーマに詳細に立ち入る必要はありません。しかし、人間の頭は、外側に頭蓋骨があり、内側は柔らかです。これは低級動物に似ていないでしょうか。蝸牛・貝を取り上げてみましょう。それらは人間の頭に似ています。

多かれ少なかれ進化した鳥を取り上げると、「人間においては内的な肺として後退しているものが、鳥においては空気に適したように、人間とは別の生活方法に適したように、特別に形成されている」と、言わなくてはなりません。人間の手足のなかへと流れていくものがないと考えましょう。そして、組織全体がもっと内部に保たれて、空気中の生活状態に適したものになったと考えると、鳥の器官になります。

獅子の器官、あるいは猫の器官を、牛の器官と比べてみてください。そうすると、ある動物の属においては、ある器官がよく形成されており、ほかの動物の属においては別の器官が形成されているのが、いたるところに見られます。どの動物の属も、一つの部分が特別に組織されています。

蝸牛について、「これはほとんど頭だ。頭しかない」と、言うことができます。ただ蝸牛は、単純で原始的な頭です。人間の頭は、もっと複雑です。鳥については、「これは、まったく肺だ。肺が適切に変化したものだ。ほかの部分は、すべて退縮している」と、言うことができます。獅子《ライオン》については、「ある意味で、これは全体が血液循環と心臓だ」と、言うことができます。牛については、「これは、まったく胃だ」と、言うことができます。

このように、私たちは外の自然のなかで、さまざまな属と種の特徴を、個々の器官のように述べることができます。いま私が話していることは、非常に簡単で原始的な方法でも語られます。動物界を見渡し、それが大きな扇のように広がっているのを見て、人間の組織と較べてみるのです。そうすると、「動物においては、器官組織は外界に適応している。人間においては、器官組織は外界に適応してはいない。それぞれの器官が、たがいに適応している」ということが見出されます。

人間においては、すべてが整えられ、どの組織系も突出していません。それぞれの器官が、たがいに適応しています。ここで素描的に示唆したように、人間は一個の完結した全体なのです。

人間は動物界の概要であるということをいきいきと示すために、私たちが利用できるものをすべて用いてみましょう。博物館、散歩、子どもが体験するあらゆるものを、私たちは利用します。そうして、人間のなかではすべてが調和的に形成され、整えられていることを示します。動物は一面的に形成されており、そのために心魂が完全には身体に浸透できていないことを示します。人間においては一つの器官が別の器官に適応しており、まさにそのために、完全に心魂の浸透した存在である可能性を得ることができているのを示します。

人間と動物界の関係について確信し、理知・才気に貫かれると、その関係をいきいきと述べることができます。その叙述は完全に客観的でありながら、同時に、人間と世界の関係を感じることができます。唯物論的な今日、人間は地上の創造物の頂点に立っていると言うことに、どんな意味があるか、考えてみてください。

人間はそのことを詳しく理解していません。人間は自分を考察します。そして、個々の動物を考察します。人間は個々の動物を考察するとき、動物の綱同士で器官組織が別様に形成されているのを認識しようと試みません。また、人間のなかで包括的なものを考察しません。

もし、私たちがこのように考察すると、私たちの認識をとおして、世界に対する私たちの位置を感じることになります。そして私たちは、利己的に自分のなかでのみ感じるのをやめます。私たちの感情は世界に出て行きます。

一度、このような授業を試みると、その授業が子どもの心情にとってどんな意味があるかが分かります。そのような認識が、完全に感受に変化します。人間は、そのような認識の影響下に、だんだんと謙虚になります。教材は、本当に教育手段として用いられます。

「私たちは子どもに無味乾燥な授業をすべきでない。子どもに単に知識を与えるべきでない」と繰り返し語るとき、知識を教育の手段へと変化させる可能性がないなら、なんの役に立つでしょうか。子どもに知識を与えすぎると子どもの正しい発展を妨げる、と繰り返し強調されると、「授業することになんの意味もないのなら、なぜ学校から教材をすべて投げ捨てないのか」と言いたくなります。

もちろん、そのようにはできません。教材が教育手段にならねばなりません。動物に関する博物学的な授業は、いま示唆した理由から、子どもが九歳を過ぎるまでは行ないません。

植物界では、個々の植物の種・属を一面的に示して、それらをまとめたものが人間のなかにふたたび見出される、というふうには行きません。動物を考察するためには実り多い方法が、植物界では役に立ちません。私たちは植物界を、そのような方法で考察することはできません。まったく別のものの助けを借りなくてはなりません。植物全体を、いきいきと地球に属するものとして考察しなくてはなりません。

今日の唯物論は、地球は石・鉱物でできた球体だ、と考察します。植物はそのなかに刺さっている、と考察します。私たちは同じ原理を、人間の頭と毛髪に適用することはできません。髪が伸びるのは人間の頭に属することだ、と私たちは考察するでしょう。私たちは植物が生長する大地を、地球という有機体に属するものと考察しなくてはなりません。

単なる石でできた地球、せいぜい重力のみを有する地球を考察するなら、抽象概念をいじくっていることになります。頭髪が人間に属するように、植物は地球という有機体に属すると考察するとき、私たちは本当の地球について語れます。そのように考察すると、地球を観照するとき、植物と地球が合生します。そして、地球を植物界と関連させて観察するための、正しい本能が得られます。

そうして私たちは、地球を時間の経過、季節の経過のなかで考察します。

私たちが植物学を子どもに教えるとき、綱・種を列挙してはなりません。私たちは、自分に可能なすべての助けを借りねばなりません。博物館、散歩、子どもの記憶、学校にある新鮮な植物を利用して、「春がこれらの植物を、地球から魔法のように呼び出す。植物から芽や花を、魔法のように呼び出す。それは、こんなふうに見える。五月になると、地球はこうなる。そして夏になると、地球はこうなる」と、叙述します。

私たちは植物の花を、季節という地球的時間の発展のなかで生まれたものとして注目しようと試みます。私たちは子どもに、植物の種子が秋に大地に戻り、いかに循環が新たに始まるかを話します。私たちは地球を一個の有機体として把握し、植物のいきいきとした芽生えと衰退を追っていきます。

私たちは子どもに、「見てごらん。かわいい植物があるよ。木の下、あるいは木から離れて、この植物はある。この植物は五月に繁殖するから、ここにあるんだ。葉っぱが五枚ある。覚えておき。黄色い葉が五枚あるのは、五月の地球の生命全体と関連している」と話してから、「これはウマノアシガタだ」と、いくらか因習的な名前を告げます。

このように、植物界の全体が、地球の一年のいとなみとして現われます。そして、クリスマスに花を開く植物もあり、長持ちする植物も多いという、より秘めやかなことがらに移っていきます。

草は季節の経過をとおして大地を飾り、また、なくなっていきます。そこから、樹木の生長へと移っていきます。単に植物を並べて考察することはありません。植物の生長とともに地球を考察します。生命的な地球から、植物は生長します。

ここで私たちは博物学のなかに、見事な両極を据えました。動物界は、いたるところで人間を指し示します。人間は動物界にある多くの一面性から形づくられた、と感じます。動物の各種が一面的に発展させたものを、人間に関連させて示唆することをとおして、動物の種類を考察します。動物界は、人間が分解されたものです。扇形に広がった人間界です。

今日の人間は、このような考え方を嘲笑します。一九世紀前期に、このような考え方が異様なものになりました。オーケンは、「舌は烏賊だ」というグロテスクな言葉を発しました。私は、この言葉を擁護するつもりはありません。オーケンは正しい原理に目を向けていました。彼は人間の舌を取り上げて、動物の綱の個々の種を探求しました。そして見出したものを、彼は人間の器官と比較しました。彼は烏賊が舌に大いに似ていることを見出しました。胃は反芻動物に似ています。

このように比較するのは極端です。そこまで行く必要はありません。当時は、ものごとを正しく見出すことが、まだできませんでした。

しかし今日では、動物界全体が人間のなかで扇形に広がっている、と述べることができます。人間を、動物界全体の総合として述べることができます。動物界のなかで観察されるものを、私たちは子どもとともに、人間に結び付けます。子どもがまなざしを外に向けることによって、人間の諸要素を子どもの眼前に示す可能性が生じます。

植物界は正反対です。私たちは人間のことを忘れて、私たちの住んでいる惑星・地球から生長する植物界を考察するようにします。私たちは動物界を人間と密接に関連させ、植物界を人間以外の対象に密接に関係させます。

言い方を変えると、「一面で私たちは、動物界の考察をとおして、動物界と人間を感受的に理解しようとする。他面で私たちは、地球という有機体を、自分とは切り離して、客観的に考察する。その有機体の上で人間は活動し、生活する。人間は地上の植物の生長、毎年の植物のいとなみ、各年の植物の持ちのよさなどを、自分とは切り離して眺める」ということです。

この二様の考察方法をとおして、私たちは知的なものと心情的なものとの均衡を、人間の心魂のなかにもたらします。そうすると、小さなことにこだわって無味乾燥に作用する、単なる主知主義が退きます。

一年草が地面から生長するのを見てみましょう。根は地中にあり、葉と茎が出てきて、緑の葉は花と種子を形成するに到ります。それをいきいきと、地球との関連で感じます。それを季節のなかで体験すると、もっといきいきします。日光が愛をもって、大地から出てくるものに結び付くとき、花が現われます。それを感受的に認識し、認識的に感受しましょう。

春から秋まで、根から葉をとおって、花・種子の生成までを感じると、なにかが現われてきます。大地があり、植物、一年生植物があります。一年草が地中に根付いています。木を考察してみましょう。木質化した部分があり、枝があります。一年間のうちに木に現われるものは、一年生植物と似ているように感じられます。それは木に結び付いています。一年草が大地に根差しているのと同様です。言わば、大地と樹木の木質とは一体です。

そして、私たちに大変強力に作用する表象が現われます。樹木が木質とともに生長することによって、大地のなか、地下にあるものが上昇してきます。木がなく、一年草が生長するところには、木の幹のなかに湧き出る力が地中にとどまっています。木の幹の樹液の流れを地表の下に探そうという、いきいきとした感受を人間は得ます。木の幹の樹液の流れが年ごとの花を開かせるように、木の幹の樹液と同一視される樹液の流れが下方に行き、一年草を地表に現われさせます。「木の幹の観照は、大地の観照と密接に結び付く」と、私は言いたく思います。生命的なもののなかに、人は入っていきます。

大地・植物界・動物界・人間の特質を、いきいきと述べることができます。そうすると、普通はただ死んだもののように感じられるものが、子どものなかで活性化されます。特に、子どもが次第に自分を世界から区別する九歳から一二歳ごろまで、活性化されます。このころ子どもは、一方では人間と動物界の関連、他方では人間から離れた大地の生命を、無意識に受け取ることを熱望します。

そして、地上における人類の歴史のいとなみに正しい関係を結ぶものが、人間とともに成長していきます。ここで初めて、歴史を正しく受け取る感受性が発達します。一〇歳・一一歳以前の子どもには、歴史を物語・伝記の形で語ります。一〇歳・一一歳で、歴史が博物学の授業に付け加えられます。歴史の授業の概念・理念・感受を活性化するものが、博物学の授業から現われる感受に、いたるところで強く結び付きます。

一二歳で初めて、本来の判断に移行する可能性が生じます。そのことについては、あす話そうと思います。

人間生活を正しく観察して、地球の生命と比較することができないのは、そのような自然な教育を何百年も受けてこなかったからです。人間の世界観は、非常に表面的なものになりました。

人々は当然のことのように、「一年のうちで、春は朝に相当し、夏は昼、秋は夕方、冬は夜に当たる」と、言います。本当に、そうでしょうか。実際は、まったく違います。

私たちが眠ると、人間を植物から区別するもの、つまりアストラル体と個我が、人体組織から離れます。睡眠中の私たちは、起きているときの姿とは異なります。私たちは心魂と精神に浸透されているために、覚醒中の姿をしているのです。眠っているとき、私たちは本来、植物存在です。私たちは植物の段階にあります。睡眠中の私たち一人一人は、植物の生長する地球と同じようなものです。
私たちが眠っているときは、どの季節に相当するでしょう。私たちが眠っているときは、夏に相当します。植物が地上にある季節です。私たちが起きているときは、どの季節に相当するでしょう。冬に植物の生命が止んで、大地の内部に退くように、人間が起きてから眠るまで、植物的ないとなみは止み、ほかのものに代わられます。

曖昧な類推ではなく、現実に即すると、「人間の眠りを夏と比較しなければならない。人間の目覚めを地球の冬と比較しなければならない」と、私たちは言わなくてはなりません。このように、実際は曖昧な類推と正反対なのです。

いま皆さんに話したことは、精神科学が論じてきたことです。私は半可通の好事家のようにではなく、事実に即してものごとに取り組もうとしています。私がここで精神科学の成果として述べたこと、つまり、地球は冬に目覚め、夏に眠るということに、わずかでも気づいていた自然科学者がいるか、調べてみました。

一八四〇年代・一八五〇年代のバーゼルの学校紀要のなかに、この見方が示唆されていました。バーゼルの学校紀要には、人間の眠りについての論文があり、人間の眠りが通常の考察とは対立する方法で記述されています。このバーゼルの学校紀要の正当性を、私は示唆しておきたく思いました。

その論文の筆者の名前は、いま思い出せません。思い出せるといい、と思います。そうしたら、あす補足できます。

方言と書き言葉

きのうの講義のあと、質問が寄せられました。その質問は、これまで述べたことに直接結び付いており、これまでの講義の内容に関連させて、きょう取り扱うことのできるものです。

きのう私は、授業・教材の内容は本来、本質的なものではありえない、と示唆することを試みました。なんらかの学問の内容を、子どもに合わせて簡単にすることはできない、と私は言いました。植物学あるいは動物学の内容を、簡単なものにして子どもに教えることはできません。実物授業の材料を教育に生かすことができると、授業の課題が私たちにとって教育の任務になることに注意しました。そのことを、きのう植物学と動物学に関して示唆しました。

特に六歳・七歳から性的に成熟するまで、子どものなかで発展しようとしている力を、本当に発展させるように教育をすることを、目指していくべきです。

さて、そうできるためには、子どもがすでに持っているものを、適切な方法で利用できねばなりません。子どもたちの大部分は、私たちが授業・教育で役立てることのできるものをたずさえてくる、ということに私は注目しました。

子どもたちの大部分が言語・方言を学校にたずさえてくるのは事実です。子どもたちは方言を話します。方言は模倣本能の影響下に、子どもたちのなかで出来上がっていきました。ものごとを観察する才能があれば、方言を話す子どもは、方言を話さない子どもよりも、ずっと内密な関係を言語に対して有していることが分かるでしょう。私たちは学校で方言の要素を、いわゆる書き言葉の学習に役立てることができます。

きのう私が受けた質問は、まさにこのことに関係しています。

方言を話す子どもは、言語に対して内密な関係を有しています。単語・文章が形成されるとき、方言はいわゆる標準語よりもずっと集中的に感じられ、意志されるということを、私たちは見落としてはなりません。

標準語は表象、あるいは、おもに表象に受け取られた感情に基づきます。子どもが初めから標準語を話すとしましょう。標準語のなかには心情のいとなみが、方言に含まれるよりもわずかしかありません。意志衝動も同様です。

これは授業・教育において、非常に重要なことを示します。すなわち、私たちが通常思っているよりも、人間は存在全体を二つの源泉から汲んでいるということを示唆します。その二つの源泉は、本当に北極と南極のような関係にあります。一つの方向のみに教育・授業を形成しようとしてはなりません。子どもは自分に提供された見解を、判断しながらまとめて、しだいに自分を形成していくという見方に立つと、私たちは極端な方向に行きます。私たちがもっぱら子どもの記憶力、あるいは権威ゆえの受容を計算に入れると、別の方向の極端に行きます。

二つの極端が絶えず人間本性のなかで対になっているということが、特に言語において示されます。すなわち、言語のなかには音楽的な要素がはっきり知覚されます。この音楽的な要素は、人間の内面性と強く関連しています。しかし、言語は同時に彫塑的な要素、線画的な要素を持っています。

私たちは幼いころから、それとは知らずに、感覚をとおして知覚するものを模倣しようと試みます。特に言語において、音楽的なものと彫塑的なものが、まったく相反する二つの方向に作用することが明らかになります。特に学校で、権威感情に依拠して音楽的な要素を子どもに形成すると、子どものなかにある彫塑的な衝動を台なしにします。子どもは本来、抑揚の細部にいたるまで、権威者と感じられる人が話すように話そうという本能・衝動を、常に持っています。そのような権威の影響下に、言語の音楽的要素は発展していきます。子どもは本性をとおして、権威ある人の音楽的要素に順応します。そのようなことを観察する才能があれば、子どもを教育する者は言語の音楽的要素を体得している、ということがすぐに分かります。

しかし、言語の音楽的要素を一面的に形成すると、言語の彫塑的な要素を破壊します。言語の音楽的要素に従うと、そもそも言語を内面化するように駆り立てられます。子どもは権威と感じる人に順応して、無意識に抑揚、特別のアクセント、母音の特別のニュアンスを模倣します。そうすることによって、自分の感情・感受に従っているのです。

子どもが国民学校に入ったとき、そのようなことが生じます。生まれてから国民学校に入る年齢までの子どもには、そのようなことは少ないものです。そのあいだに子どもは言語を学びます。学校に入るまで、子どもは模倣する存在であり、周囲の人々に絶えず順応して、人間存在全体から言語を発達させます。多くのものが言語を把握し、言語が彫塑的に形成されるように導きます。しかし、人間は自らの本質の最も内なる領域にいたるまで模倣する者なので、この時期に同時に、彫塑的要素が内的に形成されます。

私たちは言語の発達における根本的な区分を示唆できます。誕生から永久歯が生えるまで、子どもは言語を彫塑的に形成します。幸運にも、この時期に方言に順応できると、子どもは意志に即し、権威に即して、書き言葉におけるよりも内密に言語に結び付きます。方言は書き言葉よりも、もともと人間に内的に結び付いています。

国民学校において、彫塑的な要素の代わりに、音楽的要素が入ってきます。すでに内的なものが作用します。内面化を促す音楽的要素が彫塑的要素に抵抗します。すでに子どもが有しているもの、子どもが私たちにもたらすもの、子どもが六歳・七歳まで自分の力をとおして発達させた言語を、国民学校の授業で利用することが必要です。

さて、子どもが用いる言語には、高度に無意識が作用しています。高度の文明社会の言語よりも、原始民族のほうがずっと豊かな文法を形成しているという事実から、私たちは学ばねばなりません。このことは、精神科学の外部では、わずかしか顧慮されていません。しかし、これを本当に賢明な人間観察の結果として、考察しなければなりません。

「人間は内面から論理を発展させる。人間は言語を、本当に論理的に形成する。言語の構造のなかですでに完成されているものを意識にもたらすことをとおして文法を教えればよい」と、言うことができます。

文法を教えるとき、私たちは本質的に子どもの目覚め、意識化を促進する傾向を追求する必要があります。九歳ごろに発展できる、内的な力を促進する必要があります。語学の授業を、絶えず子どもを目覚めさせていくために利用しなくてはなりません。

方言で語ることができれば、私たちは子どもの目覚めをよりよく達成できます。子どもが七歳以前に標準語・書き言葉を学んでいると、その子どもの無意識を扱うのが非常に困難です。無意識は、すでにある意味で死んでいます。クラスのなかに、方言を話す子どもと方言を話さない子どもが混ざっている場合、文法の授業は常に、方言を話す子どもが提供するものに結び付けねばなりません。

私たちは文の構造、語の構造を、まず方言から探求しようと試みます。できるだけ簡単な構造の文を、子どもに語らせます。その文は、主要な点を内に含んでいるでしょう。内的に活動に活気を与えるものが含まれているでしょう。内的に活動に活気を与えるものから出発すると、語学の授業をとおして、子どもの意識を目覚めさせることができます。

ここで、非常に興味深いことに触れたいと思います。いわゆる非人称動詞の主語（形式上の主語）をとる文章について、鋭敏で才気あふれた文献があります。Es regnet.（It rains.）Es blitzt. = Es wetterleuchtet.（It lightens.）などです。言語学者も哲学者もこのような文章についての文献に関与しているのですが、本質的なことは、この文献全体のなかで、ほとんど触れられていません。

本質的なことは、非人称動詞の主語をとる文章は本来、子ども特有の把握の仕方に相応するということです。このような文章は子どもの感情に相応します。まだ教育によって損なわれていない子どもに存在する感情に相応します。心魂は外界と一体であると感じ、個我と外界とのあいだの区別がまだ引き起こされていません。

Es regnet.と言うとき、外で活動するものが自分の皮膚の内部にある空間に継続する、という無意識の感情が基盤にあります。個我は外界に対立していません。Es regnet. Es wetterleuchtet. Es blitzt.と言うことによって、人間は外界を知覚するというより、世界のなかで感じます。世界から切り離さずに、自分を感じます。ある意味で、形式上の主語をとる文章は、人間本性元来の文章です。このような文章が、言語発達の第一段階です。

元来、私たちは世界全体を活動として知覚します。そのことに、私たちは十分注意していません。ある意味で幼年期に、私たちは主語・名詞をすべて無視します。それを私たちは、当たり前のこととして受け取ります。それに対して、なによりも活動的なものが私たちの目につきます。

みなさんは、子どもは最初に「パパ」「ダダ」と言う、とおっしゃるでしょう。そのような音を発することによって、子どもは大人の活動をいきいきと受け取っているのです。矛盾はありません。言葉を習うというのは活動をいきいきとさせることだということに、みなさんはいたるところで気づくでしょう。名詞は、あとからやってきます。

これは、方言に目を向けると、よく分かります。方言は身振りのなかに生きるからです。方言は身振りを伴います。子どもに方言を話させ、それを自分のなかで感じ取ろうとしてみてください。方言は、人間が関与すること、人間がそのなかに生きることを要求します。子どもに方言を感じさせます。そうすると、すでに抽象的なもの、主語と述語を区別できます。述語は活動から取ってこられます。主語は人間の知性によって、活動という基盤の上に抽象的に形成されたものです。方言を話すことによって現われるイメージを考察し、人間が本来感じるものを図解して分からせることによって、文法を習得させます。そうすると、私たちは文法の授業を利用して、子どもを目覚めさせることができます。

私たちは方言を、書き言葉に翻訳させます。そうすると、直接的な感受、子どものいきいきとした交流において、標準語・書き言葉においては言語の芳香が削り取られていることが示されます。ついで、書き言葉を内的に自分のものにすることができます。それは思考の形成・修練になります。書き言葉の場合、方言の場合よりも、基盤にある思考に目を向けなくてはならないからです。

人間が思考から言語を形成したのではなく、言語から思考を学んだということを、方言は教えます。言語は人間の無意識から現われ出たものです。人間が言語を観察することによって、言語から思考が現われます。

これを正しく感じると、私たちは言語の精霊と言うべきものに、いきいきと感情を結び付けます。言語の精霊という言葉を、私は通常理解されているよりもずっと具体的な意味で理解したいと思います。言語は個々の人間よりも、ずっと賢いものです。

私たちは事実、幼児期に非常に複雑な言語体系に精通し、のちになって初めて、みごとな関連が私たちの無意識の本性から言語のなかに入っているのを発見します。その関連は、非常に鋭い論理によってのみ明らかにできます。言語のなかには霊的なものが働いています。唯物論的な今日に好まれる抽象的な形で、霊的なものが人間のなかに作用するのを考察するだけなら、この霊的なものを理解するには到りません。

ここで私は、分析心理学・精神分析学がしばしば語るものに触れることができます。それを、精神分析医が通常おこなうのとは異なった意味で把握しなくてはなりません。生活のなかで生じるものを取り上げましょう。

ある女性が、ある家に招待されました。彼女は、その家で催される宵の歓談に行きます。その家の主婦は、その夜、病気のため湯治に行くことになっていました。招待された女性は、この宵の歓談に行きます。その夜、その家の主婦は湯治場に行かねばなりません。

夜会が終わり、家の主人は妻を駅まで送っていきます。夜会に参加した人々は通りに沿って進みます。曲がり角のところで、辻馬車がやってきました。この辻馬車は最初、とても速く走っていました。一同は車道の両側に避《よ》けました。

ただ、招待された婦人だけは、馬の前を駆けました。彼女は脇に避けることができません。彼女は走りつづけます。馬車が橋の上に来ると、彼女は状況をよく知っており、川に飛び込みました。彼女を助けねばなりません。一同は彼女を、彼女が招待された家に連れ戻すしかありませんでした。

さて、精神分析医は、「そこは隔絶された心魂の田舎《プロヴァンス》である。この女性は子どものとき、馬に追いかけられて、恐ろしい経験をしたことがある。その経験は、心魂のいとなみの地下に下った。この夜、同じことが起こった」と、言います。

これは才気走った理論です。心を捕らえる理論です。しかし、現実を観察することを学んだ者、精神科学的な沈潜をとおして現実に入っていく者には、そのような説明は通用しません。真相はまったく別だからです。

真実を語るしかありません。この女性は、その家の主人を愛していたのです。彼女は、その家の夫人が湯治に行かねばならない日に宵の歓談に招待されたことを、とても嬉しく思いました。この真相を、彼女は認めないでしょう。彼女は礼儀正しい婦人だからです。彼女は表面意識においては、非常に上品で礼儀正しい女性です。しかし、彼女自身の認めないものが、無意識のなかで作用したのです。

家の夫人が湯治場に出発するときに、自分を夜会の一同がその家に連れ戻すしかなくなるように、すべてを仕組んだのです。彼女はそれを、最初から望んでいたのです。しかし、それは意識に上りませんでした。

これは、思考・抜け目なさ・知性が、人間の意識をとおさずに作用する例です。自分が達成したいものを前々から手配しながら、意識においては、それについて何の予感も持たない人々がいます。生活を観察できる人は、このようなことを知っています。

すべては非常に計画的に、一定の目標に向けられています。理性・悟性は私たちが形成するだけのものではなく、存在のなかで活動するものだということを、私たちは何よりも知らなくてはなりません。それは意識のなかに取り出されるまえから、私たちのなかで作用していたものです。

私たちが子どもに教える文法は、私たちが文法を意識から取り出すずっとまえから、子どものなかで作用していました。ですから、発話や筆記のために、言語を整合させることを子どもに学ばせよう、と意図すべきではありません。子どもは目覚め、無意識に自分のなかで作用するものを意識化するという観点の下に、文法を取り出すべきです。私たちが授業・教育においてどんな意図を持つかに、多くが掛かっています。授業と教育における意図に、私たちは繰り返し目を向けなければなりません。

方言は無意識と密接に結び付いているので、人間存在のなかに生きている理性に拠ることをとおして、文法を方言から取り出すことができます。

しかし、最初から標準語・書き言葉を話す子どもに教える必要があるとき、知性が文法という規範を形成するということを当てにしてはなりません。与格・対格などと書いたり、一定の場所に終止符を打つことによって、子どもを文法に従わせようと考えてはなりません。別のものが生じねばなりません。方言を話さない子どもに授業する必要があるなら、文法の授業をなによりも芸術的に行なわねばなりません。

文体感覚に訴えねばなりません。子どもは言語本能を携えて、国民学校にやってきます。文体感覚を、可能なかぎり九歳までに、子どものなかで形成しなくてはなりません。この文体感覚の形成を、芸術的に目指す以外にありません。

権威に従うという、子どものなかの自然な衝動を利用して、文章など、私たちが子どもに教えるものを、可能なかぎり芸術的に形成します。そうすれば、文体感覚が形成されるでしょう。このようなやり方は、あらゆる権威を葬り去ろうとする今日には、多くの人から嘲笑されるかもしれません。

私たちは芸術的な形態についての感情を、子どものなかに呼び出します。断定文・疑問文・感嘆文のあいだにはどのような差異があるか、子どもに気づかせ、感嘆文は断定文とは異なったアクセントで語らせます。そうすると、芸術的に形成できます。断定文は中立的に無頓着に語られ、感嘆文は感情のニュアンスを伴って語られるのを、子どもに気づかせます。そして私たちは、言語の芸術的要素に向けて授業します。そうして、言語の芸術的要素から、文法と構文を発展させます。

子どもが方言で私たちに語るものを利用して、言語のための自然な本能を発展させることができます。さらに、方言を利用して、内的な文体感覚を目覚めさせることができます。そうすると、語学の授業で達成すべきことを達成できます。これについては、あとでもっと正確に話します。私はまず、原則的なことのみを示唆したいと思います。

いたるところで、成長する子どもを心にとめねばならない、というのが原則です。「この年齢で何が生じるか。その年齢では何が生じるか」と、問うのです。

「永久歯が生えるとき、人間は二度目の誕生を体験する」という感情を持たないと、私たちは教育・授業への正しい衝動を体験できないでしょう。もちろん、物質的身体の誕生のほうが、七歳ごろに誕生するものよりも目につきます。

精神科学では、「誕生のとき、人間はそれまで結び付いていた身体、つまり母体から解き放たれる。乳歯から永久歯に生え変わるとき、人間のエーテル体が物質的身体から解き放たれる。エーテル体は七歳ごろまで、つまり永久歯が生えるまで、物質的身体と密接に結び付いていた」と、言います。

物質的身体から永久歯を引き出すために、エーテル体が働きかけます。いまや、エーテル体は自由になります。そして、子どもが学校に携えてくる能力は本来、生まれ出たエーテル体の能力を解き放ちます。この能力が、子どもが私たちに示す、最初の精神的なものです。

七歳までの子ども、永久歯に生え変わるまでの子どもの本質は、物質的身体です。精神的・心魂的なものは、物質的身体のなかで活動しています。子どもが模倣しようという衝動を持つことによってのみ、私たちは子どもに作用できます。七歳で、エーテル体が自由になります。七歳で、エーテル的なものを素材とする人間本性の部分が、自らのために生きることができます。

「人間は七五パーセント、水柱でできている」と、私は注意しました。なぜ生理学と解剖学では、人間が固体からできているように語るのでしょう。人体のなかで経過するものは、液体的な形状のなかで経過しています。それは、空気状の形態のなかでも経過します。

乳歯が永久歯に生え変わるころから、子どもが発展させる精神的・心魂的能力は、固体のなかでも液体のなかでも気体のなかでもなく、私たちが身体のなかに担うエーテル的なもののなかで生起します。

「思考は、神経系における経過のように発揮される。神経は半固体状の形態、あるいは少なくとも柔らかい形態であると考えられる」と言うのは無意味です。思考は直接発展させられることによって、生起するのです。まだ記憶へと改造されないことによって、思考は経過するのです。思考は七歳以後、物質的身体にまったく触れないように経過します。人間は思考するとき、身体に満ちるエーテル要素のなかでのみ考えているのです。

「しかし、思考内容は記憶になる。思考内容は人間のなかにとどまる」と、みなさんはおっしゃるでしょう。エーテル要素は液体的な要素です。思考内容がこの要素のなかにだけ生きるなら、エーテル要素はすぐに、あらゆる思考内容を溶解させるでしょう。記憶は、通常考えられているよりもずっと複雑な経過です。

人はしばしば、「私たちが思考すると、思考内容は人間の心魂のどこかに住処を探す。そして、私たちが思い出すとき、そこから私たちは思考内容を取り出すのだ」という、唯物論に基づいた表象を持ちます。そうではありません。思考の経過を観察できる者は、つぎのようなことを見出します。「私は心魂をとおして、外界のなかに何かを見る。そうして、私は思考をそれに結び付ける。私は外界で何かを体験する。それに私は思考を結び付ける。私が思い出し、思考内容を形成するとき、普通なら外界から私にやってくるものが、私自身の内面からやってくる。私が外界に面して思考内容を新たに把握するのと同じように、私は内面からやってくるものに面して新たに思考内容を把握する」。

記憶は、思考内容が心魂のなかに引きずり下ろされることによって成立するのではありません。目と耳に物質的に作用するものが、身体のなかへと継続することに基づくのです。思考と平行する経過が存在します。この経過はリズムを残し、そのリズムがふたたび引き上げられて、内的に知覚されます。その他の場合、知覚は外的に作用します。

みなさんは、いかに子どもが思い出すために自分で工夫するか、観察したことがないでしょうか。なにかを思い出すべきとき、みなさんは感覚的なものをとおして思考を強めるために、あらゆる可能なことを行なおうと試みます。

多くの人が、思考として受け取るものを身体的にも摂取しようとしている、ということを考えてみてください。単に思考すると、記憶できません。暗記すべきものを聞いたり、暗記するときに身体を何らかの方法で関与させると、覚えられます。覚えるためには、単なる思考と平行して、別の経過が進行しなくてはなりません。思考が外界に触れて展開されるか、内面から記憶として展開されるか、どちらでもかまいません。

思考は過ぎ去るものです。いかなる思考も保存されず、なにか別のものが保持されます。保持されるものに面すると、思考は繰り返し燃え上がります。私が記憶し、なにかを考えるとき、それは外界の経過に面して、なにかを考えるのと異なりません。あるときは外界の経過につながっており、あるときは内的体験の経過につながっています。

いずれにしろ、私が思い出すとき、私の器官は律動的に運動し、さまざまな体験の印象を受け取ったときの状態を繰り返します。私が外界を観察して、なにかを体験するとき、私は外界に対してのみ思考を発展させます。思い出すときは、内面・器官に面して思考が燃え立ちます。私が最初に体験したときのように、器官がふたたび振動します。

これはもちろん、外的な経過を証明できるようには、直接証明できないことです。生活の観察をとおして、しだいに確信が得られるにちがいありません。みなさんはそうできます。この思考の特別の性質に注目しましょう。エーテルの揮発性の要素のなかで、思考は経過します。

エーテルが振動するのと同じ意味で、身体器官が振動に適していなくてはならない、ということを私たちは確認します。そうすると、永久歯に生え変わるときに経験する変化を、私たちは正しく把握します。永久歯に生え変わるまで、エーテル体全体が作用します。熱エーテル・化学エーテル・光エーテル・生命エーテルが器官のなかで作用し、器官を構築します。そして、器官は物質的に共鳴できるようになります。エーテル体は物質的身体の建築者・彫塑家だからです。

物質的身体はエーテル体の影響下に発展します。エーテル体は思考し、物質的身体から知性を解放します。物質的身体は、弦のように共鳴できます。そのように物質的身体は発展します。

永久歯に生え変わると、私たちはエーテル体自身の形成を配慮できます。私たちはエーテル体を形成することによって、同時に、物質的身体も形成します。私たちは乳歯から永久歯への生え変わりにおいて、エーテル体が誕生することを感じ取らねばなりません。

性的に成熟するときに生まれ出る、人間本性のなかのもっと高次のものに対する感受性を持たねばなりません。それが人間のさらなる変化を引き起こしてきたのです。一四歳・一五歳において生まれ出るものは、アストラル体と名付けられます。アストラル体という名称が気に入ったり、趣味が悪いと思ったりすることが問題ではありません。

七歳ごろにエーテル体をとおして知的な要素が生まれるように、身体から自由な心魂が一四歳・一五歳ごろに生まれる、ということを知るのが大事です。それ以前は、私たちの感情・意志は物質的身体と密接に結び付いていました。七歳まで思考が物質的身体に結び付いていたように、一四歳・一五歳ごろまで、つまり性的に成熟するまで、感情と意志は物質的身体に結び付いています。性的に成熟するまえ、つまり国民学校を卒業するまえに、意志と感情の時期尚早の自立から発するものを思考のなかに入れ込まないよう、気を付けねばなりません。思考はエーテル体の発展とともに、少しずつ現われてきます。

子どもが権威を拠りどころとして、愛情豊かに育てられ、感情と意志を大人・教師に依拠して学ぶと、正しい時期、すなわち性的に成熟するときに、自分自身の独立した感情と意志が生まれます。子どもは権威と見なす人に依拠して、感情と意志を正しく発展させるのです。そのようにして、感情と意志は正しい方法で発展できます。

あまりに早く意志を自立・発展させると、意志の秘められた機能に早く到りすぎ、人間は生涯にわたって害されます。また、道徳的・宗教的な衝動が早期に独自の判断に委ねられると、私たちはあまりにも早く意志の繊細な組織に到ります。

子どもは性的に成熟するまで、道徳的・宗教的な権威の影響をとおして、道徳的・宗教的であることを学ぶべきだ、と言えます。性的に成熟すると、人間の心魂的・精神的本質が身体から自由になって、子ども自身の判断に委ねることができるようになります。

このようなことを語ると、現代の先入観にぶつかります。私はドイツで自然な権威感情について、おおやけの場で語ったとき、いたるところで反論されました。人々はあらゆる権威を子どもから遠ざけ、できることなら教師を廃止して、子どもたち同士で民主的に学び合うようにしたい、と思っていたのです。子どもは、そんなことを望んではいないのです。ドイツの状況全体が、見かけ上の革命の影響下にありました。本当の革命にはなりませんでした。

正しく理解しましょう。子どもは導かれたいと思っており、権威者を愛したいと思っています。子どものなかで発展する権威者への愛は、子ども自身の本性と関連しているのです。

性的に成熟すると、当然のこととして、異性への愛が発展します。たしかに、その愛は個別化されて、一人の女性に対する一人の男性の愛になります。しかし、一般的な人間愛が個別化されて、個的に現われるのです。この一般的な人間愛が、性的な成熟ともに、異性への愛として発展します。人間から人間への愛は、性的に成熟したときに初めて、独立して発展します。この愛は、権威から自由でなくてはならないからです。この愛は本当に献身的なものです。

性的に成熟するまでは、愛は欲求です。そのころの愛は、自らの存在を利己的に要求するものです。国民学校では子どもが利己的に要求し、愛するということを、私たちは計算に入れねばなりません。子どもが好意を持つ権威者、子どもが夢中になる権威者がそばにいることが役立ちます。権威者に帰依することが心地よいからです。本性がそのように駆り立てるからです。

人への愛であれ、自然への愛であれ、星々への愛であれ、超感覚的存在への愛、神々への愛、神への愛であれ、それらが人間のなかに生きる愛です。それは根本的に、人間のアストラル体の内容です。それが独立した存在として、性的成熟期に生まれ出ます。性的に成熟するまで、それは人間の本性に働きかけます。エーテル体が七歳まで、つまり永久歯が生えるまで人間本性に働きかけるのと同じです。

このようなことを見抜くと、言語が物質的身体の影響下に発展したことを、人は正しく理解します。少なくとも、子どもが学校に携えてくる方言においては、そうです。それに対して七歳からは、私たち自身が子どもとの個人的関係——誤解しないでほしいのですが——愛の関係をとおして、文体感覚を発展させないと、言語表現のなかに文体をもたらす可能性はありません。この愛の関係から、標準語・書き言葉のための文体感覚も目覚めます。

歩き方を学ぶように方言を学んだ子どもは、自分のなかに方言を担っています。そうすると、私たちは自分が教えようとするものを、子どもから取り出すことができます。方言は書き言葉とはちがって、芸術的なものです。書き言葉は悟性的であり、因習的なものです。方言を話すという幸運を持たなかった子どもにも、周囲で話されている方言を示唆して、方言を学ばせるのは有益です。

そうすることをとおして、私たちは教育において利用しなくてはならないものを利用します。「子どもが方言を習得することによって、すでに子どもの血液のなかに存在する芸術的要素を私たちは利用する」のです。これが、私たちが方言と書き言葉について語るときに、最初に考察することがらです。

さて、私はまだ文法について語らねばならないでしょう。また、私が考える算数の正しい教え方などについても語らねばならないでしょう。

たとえば算数の授業でも、七歳から一四歳・一五歳まで、子どものなかで何が経過するかを精密に洞見することが重要です。そこで経過するものに反して子どもを育てると、私たちは子どもの全生涯を害します。私たちは容易に、人間本性に反した教育・授業をすることがあります。

ある面では正しいことを極端に推し進めると子どもに害を与える、ということを私たちは明らかにしなくてはなりません。一つのものは、つねに別のもので研磨されねばなりません。言語においては、彫塑的要素を音楽的要素で研磨しなければなりません。算数ではどうなのかは、これから見ていきましょう。

子どもを害するものが多々ありますが、算数の授業から生じる害が、多くの人にとって最も恐ろしいものです。私たちが算数を学んだ方法は、原則的に人間本性に反しています。今日、多くの人々に現われている唯物論の傾向は、九歳ごろの誤った教育の結果にほかなりません。あまりにも早くに判断させられると、のちの心魂の進歩にとって破壊的な作用が及びます。

まだ子どもが十分に消化できない内容を、私たちは教えています。子どもたちは教養ある判断を受け取り、その判断は子どものなかで作用を続けます。子どものなかで、ある概念・観念が、ほかの概念・観念と結び付くということも、よく語られます。観念連合（連想）についての話ほど不幸なものは、ほかにありません。私たちのなかで諸観念が連合し、ある観念が他の概念と結び付いて、私たちは後から付いていかねばならないのなら、それはもはや私たちの力の及ばないものです。観念連合のいとなみが意志のいとなみを圧倒しないよう、私たちは教育・授業をとおして子どもを守ることが重要です。

これについては、あす、さらに話します。

人間存在および教育における総合と分析

あらゆる教材を教育の手段として用いることを精神科学は目指している、ということをみなさんは理解なさったと思います。教材は学問的な形態を取り去って子どもに提供され、いたるところで発展を促す力が引き出されるようにします。

実際に教材を実り多いものにしようとするなら、なによりも、子どもの心魂の活動が本来どのように経過するかを見なくてはなりません。人間の心魂の活動を見ると、二つのものが見えます。第一に分析への傾向、第二に総合への傾向です。

分析と総合の本質がどのようなものかは、だれでも論理学や心理学から知っています。しかし、それを通常の単に抽象的な形で解釈するのではありません。活気あふれる方法で、この問題に注目することが大切です。

「10がある。10は、3と5と2を足したものである。10は、3と5と2に分割・分析できる」と言うことによって、ありありと分析を思い浮かべることができます。

その反対のことを行なうとき、私たちは総合に関わります。3と5と2を足すとき、私たちは総合に関わります。私たちから切り離して、分析と総合をそのように客体化すると、よく分かります。

私たちが人間の心魂のいとなみをいきいきと把握すると、私たちの心魂は絶えず、分析プロセスのなかにあることが分かります。そして、そのプロセスは繰り返し総合プロセスを形成しようという衝動を示すことが分かります。

私たちは、たとえばある動物の種《しゅ》の個々の個体を把握して、それらについて共通の概念、種の概念を形成することによって、絶えず総合プロセスを形成します。私たちは総括し、総合します。

分析は、ずっと深くに存在する、と私は言いたく思います。分析は、ほとんど人間の心魂の活動の無意識のなかに存在しています。一体から分割へと移行する衝動が、いつも心魂のなかに存在します。このことをほとんど考慮しないので、心魂のなかで人間が示す自由を、人はほとんど把握しません。

人間の心魂の活動がもっぱら総合的であったなら、人間はほとんど自由について語れなかったでしょう。総合しかできず、種の概念、属の概念しか形成できないようなかたちで外界と関係し、生をできるかぎり諸々の概念に分割しようと努めるのが人間の主な活動だったら、人間は自由について語れなかったでしょう。私たちがいかに振る舞うかは、本来、外的な自然が私たちに手本を示すからです。

その反対に、私たちの行動はすべて、心魂の分析的な活動に基づいています。分析的な活動によって、私たちは純粋な表象のいとなみを自由に発展できるようになります。

2と5と3を足して答えを出さねばならないなら、私は自由ではありません。2と5と3でいくらになるかは、法則で決まっています。しかし、10という数を示されたら、私はこの10を9＋1、5＋5、あるいは3＋5＋2というふうに表わすことができます。

分析するとき、私は完全に自由な内的活動をしています。総合するとき、私は外界によって、一定の方法で心魂のいとなみを展開するように強いられます。

私たちは実生活において、いつ分析するでしょう。たとえば、私たちが実生活においてある観点に立って、「この視点から、あれこれを考察しよう」と言うとき、私たちは分析します。私たちは、自分が知っている事物を二つの部分に分解します。私たちは分析し、区分し、なんらかの観点に立ちます。

「私は、早起きを考察する。ほかのものを度外視して、大きな好意をもって早起きを考察する」と、言ってみましょう。私は別の視点の下に、目覚めを考察することもできるでしょう。私は分析して、第一の視点、第二の視点、第三の視点を持つことができるでしょう。

この分析的な心魂の活動において、私はある点で自由です。そして、私たちは絶えず、いたるところで分析的な心魂の活動を、多かれ少なかれ無意識のなかで発展させます。ですから、私たちは自由な人間であります。いかに人間が分析的な活動への素質があるかを知らない者は、自由という困難な問題をたやすく乗り越えられないでしょう。

この分析的活動を、私たちは授業・教育において通常、ほとんど考慮していません。外界は人間に、総合的活動を要望します。私たちはそちらのほうを一生懸命にやり、その結果、一面的な教育学的本能から、おもに総合することを顧慮し、分析をあまり顧慮しないようになります。これには実践的に、大きな問題があります。

たとえば、私がきのう述べたたように、方言から言語に向かうようにすると、分析が必要なことが分かります。方言のなかには、出来上がったものがあります。それを子どもは、私たちにもたらします。私たちは、子どもに文を語らせます。子どもとともに、出来上がった文を分析して、文から言語の法則性を導き出さねばなりません。私たちは分析しなくてはなりません。

私たちは授業において、分析的活動をもっと推進できます。私は、みなさんがさまざまな形で直面したものに、みなさんの注意を向けます。この観点からものごとをさらに推進しなくてはならないことが、みなさんには分かるでしょう。

たとえば文字の説明も、第一に総合的活動ではなく、分析的活動から出発することが大事です。たとえば、子どもに「魚」という単語を発音させます。そして、子どもが文字について何も知らないうちに、私は黒板に「さかな」という字を書きます。子どもが線描を行なったことを計算に入れて、そうします。私は最初、言葉のイメージを文字に分解せずに刻印するよう試みます。子どもが十分に線描を行なったあと、「さかな」という文字が含まれていると気づかせることなく、単語を模写させます。私が黒板に書いたものを、子どもは単に模写すべきです。

文字を教えるまえに、しばしば単語を模写させます。そうして、その単語が「さ」から始まることを、子どもに注意させます。その単語から「さ」を分析し、つぎに「か」を分析します。文字から出発して単語へと総合するのではなく、単語から出発して文字へと分析するのが、人間の本性に応じたことです。

後年を準備する人間の心魂の本質の発展という観点からも、このことを顧慮しなくてはなりません。私たちは今日、唯物論的な世界観の下で苦しんでいます。苦しんでいる、と私は感じます。この世界観は、物質のみを通用させるだけでなく、全世界を原子の活動に帰します。この原子を一八八〇年代のように、未知の物質からできている小さな弾性のある物体と考えるか、今日のように電気的な力の発展、電気的な力の中心と考えるかは、問題ではありません。

唯物論が、精神・心魂の道具にもなる物質を小さな部分から組み立てられたものと考え、小さな部分の活動に依存していると考えていることが問題なのです。今日では、この考え方が仮説であるということが、もはや意識されなくなっています。原子が外界の現象の基盤になっているというのは確かな科学的結論だ、と多くの人が信じています。

なぜ今日の人間は、原子論への傾向を発展させたのでしょう。それは今日、子どもたちに分析的活動をわずかしか行なわせていないからです。出来上がった単語のイメージから出発して文字を分析するという活動を子どもにさせると、そこで分析への衝動が発揮されます。子どもは分析を求めます。

そうすると、分析衝動があとに残って、のちに原子構造を考え出すようなことにはなりません。現在、唯物論が広がっているのは、分析的な衝動が満足させられていないからです。単語のイメージを文字に分析することによって、分析的な衝動が満足させられたら、唯物論的な世界観に人間が共感することはなくなるでしょう。

ですからヴァルドルフ学校でも、文字から出発して総合するのではなく、出来上がった文から出発します。文から単語を分析し、その単語から文字を分析するという授業をしています。そして、文字の音を示します。このような手順で、私たちは正しい内面化に到ります。子どもは文・単語を学校に携えてくるからです。文・単語を分析することが、意識の目覚めに役立ちます。

子どもが方言を語るようにすると、困難がありません。人々が考えるよりもずっと、子どもは文の統一性を身につけているからです。事実、分析的な傾向に応じるように教育された子どもは、今日の人々よりも心魂が目覚めます。心魂の覚醒に関して、私たちは教育をとおして、非常に多くの罪を犯しました。

「私たちは、単に寝てから起きるまで眠っているのではない。単に目覚めてから寝るまで起きているのではない。軽度とはいえ、昼間の生活のなかで、目覚めと眠りが絶えず交替している」と、言うことができます。

それどころか、息を吸い、息を吐くたびに、呼気・吸気と同時に、意識が明るくなったり暗くなったりします。ただ、私たちはそれに気づきません。第一に、呼吸は速いので、気づかれません。第二に、意識の暗がりは明るみに対して非常にかすかなので、気づかれません。経過の速さと、軽度であるために、気づかれないのです。

反対に思われそうですが、私たちは息を吸うたびに眠り、息を吐くたびに目覚めます。ですから、この意味で、目覚めと眠りが絶えず私たちのなかで交替している、と言うことができます。しかし、心魂に関しても、目覚めと眠りが交替しています。人間はあれこれの経験に面して、多かれ少なかれ目覚めます。

さて、原則的に、「分析的な活動をするたびに私たちは目覚め、総合的な活動をするたびに私たちは眠る」と、言うことができます。もちろん、私たちが夜間に体験するような眠りと目覚めのように受け取ってはなりません。しかし、強度のものではないにしろ、分析は目覚め、総合は眠りを意味します。

ですから、私たちが子どもの分析衝動に応じると、目覚めた心魂をもって世界に向かい合う傾向が形成されます。さまざまな方法で、まとまったものから個々のものを子どもに取り出させると、目覚めた心魂をもって世界に向き合う傾向が形成されます。

これは、算数において特に考慮されます。算数に関しては、子どもの心魂のいとなみとの関連が十分に注目されていません。

算数は単なる勘定とは違います。多くの人が、勘定というと、足し算を思い浮かべます。そうではありません。勘定というのは、さまざまな量の名称を述べているにすぎません。勘定は本来、算数に先行しなくてはなりません。少なくとも、ある数までは、そうです。

子どもに、数え方を教えなくてはなりません。しかし大事なのは、算数を利用して、心魂のなかに開示しようとする分析の力に正しい道筋をつけることです。

私たちはまず、たとえば10から出発し、さまざまな方法で分解します。10が5と5に分解できることを、子どもに示します。あるいは、10が3と3と3と1に分解できることを示します。足し算をするとき、被加数を左に、合計を右に書くのではなく、合計を左に書き、被加数を右に書きます。このように、人間本性が本来、最も内なる力から得ようと努めるものに応じると、非常に多くを達成できます。合計を分析することから出発し、そこから足し算に戻るべきです。

このように言うのは、今日では大胆な主張だと受け取られるでしょう。人間本性の力をとらわれのないまなざしで見る人は、この説明の正しさを洞察できます。そして、「左に合計を書き、右に被加数を書いて、子どもに好きなように合計を分解させる」と、考えることができます。私たちは子どもの分析衝動に応じます。そうしてから、心魂の内部には本来現われない衝動、外界との交流のなかで初めて現われる衝動に応じます。子どもが全体から分析するものは、根本的に人間自身だけに合致します。総合されるものは、いつも外的な人間本性に合致します。

「しかし、たとえば属の概念は総合の結果だと、あなたは言った」と、みなさんはおっしゃるでしょう。そうでもあります。しかし、私たちは総合するとき、それを単に抽象的な概念として理解してはなりません。

私たちが「狼」あるいは「羊」という一般概念を形成するとき、それは私たちの悟性のなかだけで作られた一般概念だ、と人々は信じます。そうではありません。実質の外にあるもの、私たちが狼あるいは羊について理念によって把握するものは、現実のものなのです。

それが現実のものではなく、単に物質のみが現実のものなら、狼に羊ばかり食べさせたら、その狼はやがて羊のようにおとなしくなるでしょう。しかし、狼そのものは身体を構築している物質とは別のものなので、羊のようにはなりません。狼とは物質以外のものであるということが、私たちが総合的に作り上げる概念をとおして明らかになります。それは、外的な現実に完全に相応します。

私たちが何かから分離する部分は、多くの場合、主観的なものに相応します。特に私たちが観点を見出す必要があるとき、そのようになります。左に書いた合計を右側で被加数に分解するとき、それは最初、主観的活動です。

普通は被加数を左側に書いて示します。左に合計を書き、分解すると、さまざまな観点の下に分解できます。被加数は、さまざまなものになりえます。このような意志の自由を子どもに育成することが非常に重要です。

同様に、掛け算においても、因数から出発して積に移るのではなく、積から出発して、好きなように因数を作ります。そうしてから、総合的活動に戻ります。そうすると、人間は算数をとおして、分析と総合からなる心魂の律動的活動を発展させる可能性を得ます。

私たちは算数を学ぶときに、しばしば、四則のうちの一つだけに取り組みすぎます。それは心魂にとって、あたかも身体がたくさん息を吸おうとして、正しく息を吐こうとしないようなものです。私たちはいたるところで、人間の個体に正しい方法で到達することが重要です。これが、教育技芸が精神科学をとおして得ることのできる実りです。

子どもの個体から発するものに注意を向けねばなりません。そうでないと、抽象的な原則を繰り返しても、なんの役にも立ちません。子どものなかに何かを詰め込むべきではありません。子どもから何かを取り出すべきです。まず、何を取り出せるか、知らなくてはなりません。それを明らかにしなくてはなりません。

子どもはまず、分析によって満足したいという憧れを持ちます。そして、分析したものを、総合的にふたたびまとめたい、と思います。これが、人間の本性を見るときに、具体的に顧慮しなくてはならないことです。

そうでないと、よい教育学的な原則が多くの成果をもたらし、あらゆる要求を満たす、と思われます。しかし、それでは生活を直視せず、人生のなかに教育の成果として現われるものを見ていないことになります。ですから、「人間は奇妙なことに、判断を簡単に端折る」と、言うことができるでしょう。

私のように、一八七〇年代にオーストリアに暮らしていた者は、国境を越えてプロイセンから、「オーストリアの学校は以前、プロイセンの学校よりも悪いものだった」という話を聞きました。一八六六年にプロイセンはオーストリアに勝ったので、オーストリアの人々のなかには、それを受け売りする人もいました。プロイセンの校長が勝ったのです。一九一八年一〇月（ドイツ敗戦）以来、この決まり文句はドイツではもはや聞かれません。逆の決まり文句が語られるべき結果になったのに、なにも聞こえてきません。

これは教訓的なことです。この出来事は、人間は事実に沿ってではなく、自分の共感・反感に沿って判断を形成する傾向がある、ということを示しています。このすべては、人間の本性のなかに、形成を欲する力が非常に多くとどまって、形成されないでいるということに由来します。

私たちが人間全体のなかの律動的な欲求を顧慮すると、うまく行きます。私たちは単に足し算・引き算・掛け算・割り算を教えてはいけません。「これこれの被加数の合計はいくらになるか」という問題に、単に足し算で答えてはいけません。「この合計は、どのような被加数に分解できるか」という問題に答えなくてはなりません。

引き算の場合は、「答えが8になるためには、何から5を引かねばならないか」という問題に答えます。原則的に、外界との交流において行なわれる総合とは逆にしなくてはなりません。そうすると算数の授業を、子どもの発展に役立つように行なえます。

そして、全体から個々の文字に移ることによって、語学の授業を子どもの発展に役立つように行なえます。ヴァルドルフ学校では言葉全体のイメージから、「何と書いてあるか。どう読むか。まんなかの字は何か」というふうに、文字に移っていきます。子どもたちが、そのように文字を取り出そうと努力している姿は感動的です。

ここで分解・分析すると、子どもは確実に、唯物論・原子論への傾向を持たなくなります。今日の人々は、学校で総合することのみを促されたために、唯物論・原子論への傾向を持っています。そのために、分析の要求、分解の要求を、生活のなかで世界観として展開しようとするのです。低学年の子どもには、私たちは教材の学問的性格を取り去って教えます。子どもが成長するにつれて、子どもの本性のなかにさまざまな要求が年々現われてきます。

しかし、別のことも顧慮しないと、これらのことがらすべては、うまく行きません。きのう話したように、人間の本性は根本的に活動から出発し、活動から静止へと移ります。子どもが落ち着かない状態から始まって、休止に到るのと同じです。人間の本性全体が、そのように、活動から出発します。規制・静止は本来、のちに獲得しなくてはならないものです。しかし、不動の規則は本当に体系的に形成されねばなりません。人間の活動から、いわば人間自身を形成することが重要です。

ここで人々は今日、容易に罪を犯します。国民学校の授業の最初に、音楽・歌がいかに重要かを、私は説明しようとしました。これは芸術の一面です。子どもの音楽的な要求に、可能なかぎり応じなくてはなりません。ここで今日、非常に容易に、ひどい偏見が生まれます。

今日、世間には歌の教師、特に歌の女性教師の数とほとんど同じだけの歌唱法があります。みなさんは、お気づきでしょう。歌の授業を行なう教師は、自分の方法が最良だという見解を持っています。それらの歌唱法、音楽の方法を、成長期を過ぎた大人が試すのなら、それは道楽として、そのような方法でやりたいという人に任せればいいでしょう。

原則的に、どの方法もひどい誤りから発しています。休止した器官を調節して活動を生じさせねばならない、という考えから出発しています。肺などを調節して、適切な方法で、たとえば歌うという活動を引き出さねばならないというのです。これは、人間存在からおのずと生じるものと反対です。

ほとんどすべての歌唱法が、今日の唯物論から発しています。人間は機械的なものであり、それを調節するのだという見解から発しています。人間という機械を正しく調節することによって、なんらかの活動を引き出そうとします。人間の本質を本当に認識すれば、決してそのようなことが問題なのではありません。

正しい歌の練習、音楽的な耳の正しい形成には、なによりも、子どもが正しく聴くことが前提です。そうすると、正しい聴取に合致した模倣衝動が、子どものなかに目覚めます。

最良の方法は、教師が愛をもって歌って聴かせ、間違えたところを直すことです。そうして生徒に、先生の歌を模倣しようという自然な要求を発展させ、間違ったところを直します。そうすると、歌を唄う子どもは、本能的に器官を調節するにちがいありません。

人間の呼吸リズムを正しく調節するために、発話を役に立てねばなりません。私たちは学校で、なによりも言語活動が静止した法則性に沿うように、子どもに学ばせねばなりません。

本当に音節のとおり、子どもにゆっくりと語らせねばなりません。子どもは適切な方法で、音節をなめらかにしていきます。子どもはなにも、言葉から投げ捨てません。特に、韻文・詩句に子どもは順応します。子どもは形成された言語に順応します。悟性的でなく、感受的な意識から、韻文の抑揚に付いていきます。

つまり、私たちが正しい方法で子どもに手本を語り、それを子どもが聞いて学ぶことが大切です。そうすると、子どもの喉頭と、その付近の器官が、聴取したものに適応していきます。

大人の場合は、今日おびただしく行なわれている方法が通用します。そのような道楽から生じるものは、生命を整えたり、整えなかったりします。学校からは、このような人工的な方法がすべてなくならねばなりません。

なによりも、教師から生徒への、自然に即した関係がなくてはなりません。実際、子どもが愛情に満ちて先生に帰依することが、人工的な処理、人工的な方法に取って代わらねばなりません。予測できないものへの働きかけが基盤にならねばなりません。

歌のおばさん、歌のおじさんが自分独自の方法を学校に持ち込むと、最悪の命取りになります。学校には精神が躍動すべきです。授業・学校生活に取り組んでいるさなかに、その精神はやってきます。外的な方法で、その精神を子どもにもたらそうとしても、だめです。

この点でも、教育技芸がもっと学校に浸透すれば、特異な方法でさまざまな材料を学ぶという傾向は、もはや今日のように繁盛しなくなるでしょう。子どもが六歳・七歳から自然な方法で歌と音楽の授業を受ければ、今日の文明において大きな役割を演じている厄介な方法に関わることは、ほとんどなくなるでしょう。

今日、自然に反するものが広まり、通用しているということを、教師がとらわれなく見ることが教育技芸の大事な部分です。自然に反するものを、教師が学校での授業・教育から拭い去ることが、教育技芸には必要です。

私たちは原則的に多くのこと、たとえば、いま触れた方法に反論するのが非常に困難です。そのような方法を推し進める人々は熱狂的になり、その方法による世界改革以外は目に入らなくなるからです。そして原則的に、そのように推し進める人々と理性的に、とらわれなく語ろうとしても、まったく無駄です。

このようなことがらは本来、次世代から正しい軌道に導かれるようになります。そこに、私たちは介入できます。大きなことは、いつも次世代によって行なわれます。

方法論・教授法によって効力を発揮することだけが、授業技芸ではありません。なによりも、教師・教育者が人間の全般的発展に感受するものから生じる観点が、授業技芸の肝要な点です。教師は何よりも、人間の発展全体に包括的な関心を持たねばなりません。教師は、なんらかの狭く限定された関心に閉じこもるべきではありません。

時代全体の文化衝動への関心を発展させることによって、教師の態度・振る舞い全体がいきいきとしてきます。教師が第一に大きなテーマ、大きな出来事に関心を抱くと、学校で衒学趣味と感じられるものの多くが退きます。

もちろん、特に反動的な国々では、このようなことは好まれません。しかし、これは単に外的な関心事ではなく、教育学的な問題です。

さて、いま私が述べたことに結び付けて、きょう私に寄せられた質問に触れることができるでしょう。「言語には、どういう特徴があるか。古い退化した言葉が、思考の進化の妨害にならず、新しい精神生活を構築するためには、何が生じるべきか。あるイギリスの数学者が、あらゆる思考を数学的・象徴的に図式化しようと努め、最近、教育学について、文体は知的・倫理的なものだ、と語った。これは本当に文学の理想だ、と私は思う。本当に倫理的に語り、書くには、だれもが特別の語彙を持っていなくてはならない。いまの言語においては、演劇は言葉のみを展開させて、一般的な人間的概念は滅多に発展させない。個人的な表象と感受、および個々の概念の普遍性を聞き取り、見て取れるようになるために、いかに私たちは言語を改造できるか。あるいは将来、そもそも言語がなくなって、ほかのものに取って代わられるのか」。

さて、これは大した質問です。この質問に関して、いくつかのことを、きょう取り扱おうと思います。そして明日と明後日、もっと正確なことを話します。

文明的な言語が発展していったことをとおして、ひとつの言語と別の言語との外的な関係が生じました。たとえば、ある言語で書かれたテキストを取り上げて、外国語の言葉を辞書を使って翻訳するのは、まったく外的なことです。この方法では、言語のなかで純粋に外的なもの以外は、そもそも何も得られないでしょう。

言語は、単に悟性が染み込んだものではありません。言語は直接体験されたもの、直接感じられたものです。ですから、エスペラント語などのような世界語を人類にもたらそうとするのは、人間を恐ろしく表面的にすることです。すばらしい、美しい響きのエスペラント語の詩を、私は聞いたことがあります。私は偏見を持っていませんが、世界語においては、言語のなかに体験される感受・心情・生命は大部分失われています。言語のなかで体験される感受・心情・生命は、辞書を使って外国語に翻訳すると、いつも失われます。

ここで話題になっている数学者は、ある意味で非常に正しい、と言わなくてはなりません。しかし、このようなことを数学的に図式化したり定式化する思考作業は、よいものではありません。「私たちは言語に、ふたたび精神を浸透させる必要がある。それが大事だ」と、言うことができます。あらゆる文明言語が、非常に紋切り型になりました。

そのために、ふたたび方言を活かすのがよいことです。方言は、教養ある標準語よりもいきいきとしています。方言は個人的なものを保っています。方言は密かに個人的なもの、内密に個人的なものを含んでいます。方言を語る人は、書き言葉を語る人よりも誠実に語ります。方言では、書き言葉の場合のように嘘をつくことは、ほとんどありません。このように言うのは逆説的に聞こえるかもしれません。しかし、これは、ある意味で本当です。

方言を話す人のなかに粗野な嘘つきはいない、と言おうとしているのではありません。そんなことを、私は言うつもりはありません。しかし、方言で嘘をつくと、教養ある標準語で嘘をつくときよりも、心情は大きく荒廃するにちがいありません。標準語は方言よりも嘘を許容するので、嘘をついても良心の呵責を感じる必要がありません。方言で嘘をつくには、正真正銘の悪人でなくてはなりません。人間は方言の言葉を、標準語の言葉よりもずっと好むからです。方言の言葉を単なる常套句と受け取ることを、人間ははばかります。それに対して、標準語は非常に容易に空言になります。

私たちはふたたび人間が言葉を本当に体験するようにしなくてはなりません。そうすると、言語のなかに生命が入ってくるにちがいありません。

生命を言語のなかに持ち込めば、人間を損なう教育がなされることがほとんどなくなります。私はホメオパシー的に微量に、文章のなかでそれを試みています。

大河を流れる水や氷殻のような力を、私は文章のなかで具象的に表現しようとして、kraften（力する）という言葉を用いました。普通は、「力」という語しかありません。「力する」と語らず、類似した言葉を人々は用います。

言語のなかに生命をもたらそうとするなら、死んだ構文・統語法ではなく、生きた統語法が必要です。今日では、人々が慣れているのとは異なった位置に主語を置くと、ただちに訂正されます。ドイツ語では、まだましです。ドイツ語では、まだ構文を自由にできます。

西欧語では、誤りを犯すのはまったく恐ろしいことです。ことごとく、「そういうふうに言うことはできない。それは英語ではない。それはフランス語ではない」と、言われます。同様に「それはドイツ語ではない」と、言われることはありません。ドイツ語では、主語はどこにでも置くことができます。文章をなんらかの方法で、内的に活気づけることができます。

私はジャーナリスティックな物言いをするつもりはありません。しかし、私は事実を確認したいと思います。これは言語の死滅プロセスです。絶えず、「そういうふうに言うことはできない。それは正しい言い方ではない」と言われると、言語は死にはじめます。

ある扉から、一〇〇人の人が入ろうとしているとしましょう。私は自分の見解に従って、もっぱら正しい人間タイプに準拠して、「これは正しい人だ。あれは間違った人だ」と言います。生命は類型化を許しません。類型化すると、すぐさまグロテスクな姿を呈します。生命は、すべてが動きのなかにあることを要求します。

構文・文法は生命を殺す悟性ではなく、感受する生命から現われねばなりません。そうすると、私たちはふたたび、言語をいきいきと形成するようになるでしょう。

ゲーテは書き言葉のなかに、方言を非常にたくさん入れました。書き言葉を方言によって活気づけるのは、非常によいことです。方言だと、言葉がまだいきいきと燃え立ち、暖かく感じられるからです。これが、言語のさらなる形成、言語の進歩について考察されることがらです。倫理的な生命が本当に言語のなかに入ってくるということも大事です。

ユーモアのない話し方をしてはいけません。フリードリヒ・テオドール・フィッシャーは、不真面目と冷笑との区別について、非常にみごとな論文を書いています。そこには、不真面目と冷笑との差について述べてあるほかに、語法などについて多くの所感が述べられています。

事実、話すときに何らかの義務を自らに課すのは、そもそも人生にとって、よい倫理的な修行になります。しかし、それは因習に由来するようなものではなく、感情がこもっていなくてはなりません。

西欧の言語の場合のように、あれこれの言い回しが誤っており、一個の決まった話し方のみが正しいと、いつも言われるなら、それは実際、言語から生命をだんだん奪っていきます。スペイン語なら、スペイン長靴＝靴型責め具で締め付けられたようなものです。

教育におけるリズムの要素

もう一度、国民学校における三つの重要な時期に目を向けましょう。六歳・七歳での入学から九歳まで、九歳から一二歳ごろまで、一二歳から性的に成熟するまでです。

人間の判断能力、独自の判断能力は、人間が性的に成熟したときに初めて現われます。判断能力への準備は、人間の本質のなかで、およそ一二歳から行なわれます。ですから、一二歳からが国民学校時代の第三期になります。性的に成熟したあと、人間における主要事、つまり独自の判断能力が現われ出ます。

さて、精神科学が人間存在の諸部分について述べていることは、抗弁の余地あるものに思われるかもしれません。「何のために、物質的身体・エーテル体・アストラル体などを区別するのか」と、言うことができます。たしかに、これらのことに単に理論的な興味しかないなら、そのような興味はせいぜいセンセーションの楽しみを満足させることができるだけでしょう。そのような興味では、深いものに迫れないでしょう。

生活実践からそのような興味が引き出されると、事情は異なってきます。教育技芸に関して、そう言えます。人間生活のなかで、いま述べた人生の時期が到来するたびに、人間の本性から何かが生まれ出るからです。

七歳、すなわち国民学校に入ると現われる記憶力などと同じ力が、七歳まで人体に働きかけます。その働きかけを最も強く表現するのが、永久歯の出現です。人体のなかで力が働いています。その力が、のちに国民学校時代に、表象の力として重要になります。その力は人体のなか、人間の本性のなかに隠れて作用します。それから、その力は解放されて、独立します。この独立した力を、私たちはエーテル体の力と呼びます。

性的に成熟するとき、別の力が独立します。この力の組織のなかには、同時に、人間独自の判断能力が含まれています。ですから、「人間の判断能力の本来の担い手、判断をもたらす力は、根本的に、性的に成熟するときに初めて人間のなかに生まれる。それは誕生から一二歳まで、ゆっくりと準備されてきたものだ」と、言うことができます。

これを正しく知り、その価値を正しく認めるようにしましょう。そうすると、早期に独自の判断に慣れさせると、どのようなことになるかが分かります。この点でも、現代には致命的な偏見が支配しています。可能なかぎり早く、独自の判断に親しませようとしているのです。

「人間は性的に成熟するまで、権威の影響下に立つようにしている必要がある。自分のそばにいる権威者が提供し、欲するものを、子どもは承認するのだ」と、私は言いました。子どもが正しい方法で教師・教育者に向き合って、教師という権威が示す真理を受け取ると、のちに自由で独立した判断のできる準備を正しくしていることになります。

私たちが自明の権威として子どものそばに立とうとせず、いわば消え去って、すべてを子どもの本性に委ねるとしましょう。

そうすると、私たちは子どもの判断能力をあまりに早く引き出そうとしていることになります。性的に成熟するときにアストラル体が初めて独立して自由に現われるまえに、子どもの判断能力を引き出そうとしていることになります。アストラル体がまだ子どもの物質的本性のなかで活動しているあいだに、アストラル体を扱うことになります。そうすると、私たちは子どもの心魂に刻印すべきものを、子どもの肉体に刻印することになります。そうすることによって、私たちは子どもの人生全体を害することになります。

よく準備したあとに、判断の担い手であるアストラル体が自由になる一四歳・一五歳で自由な判断へと成熟するか、もっと早く独自の判断へと向かわせられるかでは、まったく異なります。後者の場合、アストラル体つまり心魂が独自の判断へと赴くのではなく、身体が判断へ引き寄せられます。身体が、その特徴、気質、血液状態、共感・反感を呼び出すもの、客観性のないものすべてを伴って、独自の判断へと引き寄せられます。

子どもが七歳から一四歳のあいだに独自に判断しなくてはならないと、のちになっても、その判断の拠点から脱することができなくなります。国民学校時代に自然な方法で、つまり権威をとおして育成されていないと、そのようなことになります。国民学校時代に判断させると、一生のあいだ、身体が判断するようになります。そうすると、自分の気質や、身体のなかにあるさまざまなものに依存した、不安定な判断をする人間になります。

身体の本性に相応した準備をし、身体本性の要求に沿って準備し、正しい時期に権威に依拠して教育されると、子どもの判断力が正しい方法で自由になります。そうすると、のちに生活のなかでも、客観的な判断ができるようになります。子どもを早期に自由な個人にさせずに、適切な年齢で自由な個人にするなら、それが自立した自由な個人の最良の準備になります。

これを、正しい方法で教育技芸において行なわないと、多くのものを駄目にします。現代では、これらすべてに十分に注意することが非常に困難です。ここで語っているようなことを今日、準備のない人々、善意のない人々に語ると、まったく馬の耳に念仏です。

私たちは、自分が思っているよりもずっと唯物論的な時代に生きています。教育者は、この唯物論的な時代のことを正確に知るべきです。今日の文化全体、特に時代の傾向のなかに、いかに唯物論があふれかえっているか、教育者は正確に知っているべきです。

いま話したことを、まったく別の側から述べてみたいと思います。近代ヨーロッパ文明において、一八五〇年ごろ、はっきりと気づかれることなしに、直接的で基本的なリズム感が大規模に失われました。リズム感が失われた時点から、すでに数世代を経た人間は、現代におけるリズム感の欠如が子どもの教育にとって何を意味するか、まったく意識できません。それを洞察するためには、つぎのようなことに注目しなくてはなりません。

人間は日々、眠りと目覚めを繰り返しています。人間は、いわゆる目覚めた状態をよく知っている、と思っています。起きているとき、自分を意識するからです。自分の感覚感受をとおして、外界の意識に達します。つまり、人間は目覚めた状態を知っている、と思っています。

眠ってから目覚めるまでの状態を、人間は知りません。今日の通常の生活では、眠っているあいだ、人間は自分を意識しません。外界のことも、あまり直接意識的に知覚しません。無意識の状態が生活のなかに嵌め込まれたようなものです。

人間生活において、教育技芸全体にとって大きな意味を持つ二つの対極を示唆すると、この二つの状態における生命の作用を容易に思い浮かべることができるでしょう。すでに触れた、線画と音楽という対極です。きょう、もう一度、この対極について考察しようと思います。

線画に注目しましょう。絵画・彫塑も含めます。線画は国民学校の初めから子どもに必要だ、と私たちは見なしました。線画は私たちに何を示すのでしょう。線画というのは、人間が外界で見出す形態を、自分の本性から形成するものです。

モデルに拠ることが問題なのではない、と私は注意しました。私たちが自分自身の本性から、形態の感情・感受を見出すことが重要です。線画、絵画、空間中で造形されるもの、空間のなかで生まれる形態においては、私たちは目覚めた状態で自分を取り囲む要素のなかに立っている、ということに私たちは気づくでしょう。私たちは線を描き、色を描き、形態を模します。線は自然のなかには存在しないのに、私たちには線が見えます。線が自然をとおして見えるのです。色彩、形態も同様です。

別の要素、音楽の要素に注目しましょう。音楽の要素は、言語を貫いて響きます。「本来の音楽のなかには、人間の心魂だけが表現されている」と、私たちは言わなくてはなりません。音楽のなかに現われるものすべては、その最も基礎的な部分のみが、外界に類似しています。彫刻や線画の芸術感情が貧弱なとき、単に外的なものを模倣することがありえます。それと同じ方法で、外的なものを音楽によって自然主義的に模倣しようとするのは不可能でしょう。それでも、音楽には内容がないでしょうか。

音楽には内容があります。音楽の内容は、本質的にメロディーの要素です。本当に、メロディーの要素が音楽の内容です。人々にはメロディーが思い浮かぶにちがいありません。多くの人々がメロディーの要素に重きを置いていないのは、唯物論的な時代の特徴にほかなりません。メロディーが十分に思い浮かばないのです。本来のメロディーの要素が、音楽の内容です。

メロディーの要素は、どこに由来するのでしょう。メロディーの要素は、彫塑の要素と比べることができます。彫塑の要素は空間的に配置されています。メロディーの要素は時間的に配置されています。時間の進行に対して活発な感情を持っている人は、メロディーの要素のなかに一種の時間的な彫像が含まれている、ということに思いいたるでしょう。メロディーの要素は、外界の彫像に相当します。

さて、別のことに移りましょう。夢のなかで明らかになる、私たちの心魂のいとなみを、みなさんはご存じです。特に、子どもの夢に注目すべきです。教師は、生徒がよく見る夢の種類を知っているべきでしょう。このことについては、さらに話すことにして、いまは一般的に、だれもが夢のいとなみを知っている、ということだけを示唆しておきます。

事実に即して、この夢の要素を取り扱うと、しだいに夢に関して、大衆的・素人的な見解とは別の見方に達します。素人は夢の内容を取り上げます。夢の内容が素人には興味深いからです。事実に即して、驚くべき神秘的な夢の世界に取り組むと、様子は異なってきます。

つぎのような夢を取り上げましょう。「私はある山に登った。頂上に達するまえに障害があり、私はその障害を乗り越えられなかった。私は頂上に到達できなかった。私は障害を乗り越えようと試みた。邪悪な、敵対的な獣が私に立ち向かっていた。悪魔のように見える獣だ」。

別の人が、つぎのような夢を見ました。「私は道を歩いていた。私は洞穴に来た。私は洞穴のなかに入っていった。すると突然、暗くなり、私は先に進めなかった。あらゆる障害が私に立ち向かってきた。私はもはや進めなかった。私は目標に達せなかった」。

第三の夢、第四の夢が語られます。イメージはそれぞれ、まったく異なっています。ある者は登山の夢を見、別の者は洞窟探検の夢を見、三番目の人は違う夢を見ました。しかし、イメージが問題なのではありません。イメージは夢のなかに投げ込まれたものです。

問題なのは、当人が緊張を体験していることです。緊張のなかに入っていき、そこから抜け出られません。目覚めることによって、初めて抜け出られます。緊張の接近、緊張の発生、胸苦しさが、さまざまなイメージで表現されます。

夢のなかで、緊張・弛緩・期待・失望を体験します。つまり、内的な心魂状態を体験し、それがさまざまなイメージで出現します。イメージは膨らみ、沈みます。心魂の状態が本質的なものです。夢のなかでの体験は、心魂の状態全体と関連しています。

夜にあれこれのイメージを体験したかどうかは、どうでもいいことです。しかし、まず緊張を体験し、それから弛緩を体験したか、あるいは、まず期待を体験して、それから失望を体験したかは、どちらでもよいことではありません。翌日の具合全体が、しばしば、そこに懸かっているからです。

あるいは、ある人が運命体験の結果、どのような心魂の気分になるかを、そのような夢は示します。上昇・下降する線が問題だ、と私は言いたく思います。表に現われるもの、目覚めの境界でイメージになるものは、夢のまわりに織られる衣でしかありません。

夢のいとなみを見て、私たちは「人間は目覚めるまで、何を体験するのか」という問いを投げかけ、「目覚めるまで、感情の膨らみ、感情の下降を体験するのだ。それが目覚めの瞬間に、相応のイメージをまとうのである」と思います。そのことを、特徴的な夢それぞれにおいて知覚できる、と私は言いたく思います。ある特徴的な夢を、みなさんに語りましょう。

ある学生が講堂の入り口に立っています。別の学生が彼のところにやってきて、ひどく侮辱します。学生たちのあいだでは当然のように、決闘になります。介添え人が選ばれ、森に行き、すべてが準備されます。最初の銃声が聞こえ、彼は目を覚まします。

ベッドの横にあった椅子を突き倒したのです。その音が銃声になったのです。椅子が倒れたのが唯一の外的な出来事です。その瞬間に、夢のイメージ世界全部が彼の頭に浮かんだのです。しかし、このイメージをまとったのは、持続する心魂状態です。

夢の基盤になっているものを、一度まじめに比較してみましょう。感情の増大と陰影、緊張・弛緩、災難・苦難への経過などを比較してみましょう。

それを、音楽の要素の基盤になっているものと比較してみましょう。そうすると、夢のイメージのなかには、不規則なものしかありません。音楽のなかには、まったく同様に、この増大・陰影などを示すものがあります。この探究の道を進むと、「彫塑・線画は形態を模倣する。私たちはそのなかに、目覚めてから眠るまで、昼の状態で生きる」ということが分かります。

音楽のメロディーは、まったく無意識の状態を私たちに体験させるように思われます。その状態が追憶のように、昼の生活のなかに入ってきます。人間は音楽の主題の起源について、わずかしか知りません。音楽の主題のなかに生きるものを、人間は眠ってから起きるまでのあいだに体験するからです。それは人間にとって、今日まだ無意識の要素です。それは夢のなかでイメージが形成されるときにのみ現われます。この無意識の要素は夢のなかで活動し、音楽においてメロディーのなかで躍動します。

この無意識の要素を授業技芸のなかに受け取り、教育技芸をとおして唯物論から抜け出なくてはなりません。

ここで語っていることの精神を把握すると、いたるところでこの無意識の要素を受け取ろうと試みられているのが分かるでしょう。第一に、国民学校では最初に芸術的要素が必要だ、と私は言いました。第二に方言を取り上げて、そこから文法を明らかにしよう、と主張しました。子どもの言語をできあがったものとして受け取り、そこから文法を明らかにしよう、と主張しました。

そのとき、みなさんが何を行なうか、考えてみてください。どのような生命状態で、言語は形成されるでしょうか。人生をどこまで記憶しているか、振り返ってみてください。みなさんがまだ言葉を話せなかった時期まで遡ることはできません。人間は、まだ生命のなかに眠り込んでいるときに、言語を習得します。

この視点から、夢見るような子ども独特の心魂世界と、夢、音楽・メロディーの活動とを比べてみましょう。そうすると、類似したものが現われてきます。言語は無意識のうちに習得されたものです。夜から目覚めるようなものです。夢もそうです。

メロディーがどこから現われるのか、私たちは知りません。実際は、メロディーは人間の眠りから現われてきます。実際、私たちは眠ってから起きるまで、時間的な彫塑を体験します。ただ、現在の進化段階では、人間はこの時間的彫塑を体験するには到っていません。

それをどう体験するかを、私は『いかにして高次世界の認識に到るか』に書きました。この本は教育学そのものには属しません。しかし、みなさんはそこから、子どもの眠りの状態のなかで活動する無意識の要素を考慮することがいかに重要か、洞見なさるでしょう。音楽の授業で、特に主題を扱うと、このことが考慮されるにちがいありません。

言語を分析するように、子どもが有する音楽的なものを正確に分析しよう、と私たちは試みます。私たちは子どもに早期に、音楽における主題を認識させ、音楽的要素を文のように感じるように導きます。ここから始まり、ここで止み、ここで繋がり、ここが終わりで、ここから新しいものが始まる、というふうにです。この点で、まだ現実の内容まで到っていない音楽的なものを理解させると、子どもの発展に奇跡が起こります。そうすることによって、人間の本性のなかにありながら、ほとんど表に現われないものを、子どもは指し示されます。

メロディーとは何か、だれもが知っています。文とは何かも、知っています。しかし、主語・述語・目的語からなる文が、実際、無意識において一つのメロディーであることを知っている人はわずかです。

眠りのなかで感情の膨らみと消滅として体験される「感情曲線」が、意識のなかに入っていってイメージをまとうのを、人々は思い浮かべることができます。同様に、私たちは自分の存在の深みで文を音楽的に体験します。そして、私たちは外界に適応することによって、音楽的に感じたものに彫塑的な像をまとわせます。

「子どもは、宿題を、する」。主語・目的語・述語です。人間の内部で三和音が感じられます。内的に感じられるのは三和音なのです。最初の音を「子どもは」に投射し、つぎの音を「宿題を」に投射し、第三の音を「する」に投射することによって、三和音が生じます。

この三つが感じられ、ついでイメージをまといます。そのイメージは現実に相応します。しかし、夢の場合のように感じられるのではありません。私たちの表面意識において文が生き、意識下に音楽的なもの、メロディーが生きます。

感覚的なものから超感覚的なものに到る瞬間、感覚的な内容を脱する必要がある、と私たちは知ります。そして、感覚的内容に代えて、私たちから奪われたもの、主題を体験します。主題は、現実には眠りのなかで経験されます。

このことを知ると、私たちは人間を初めて全体として考察できます。そうすると、私たちが子どもにいきいきと文法を教えるときに、文のなかにメロディーの要素を残す意味を理解できます。散文的に語らず、朗々とした吟詠の名残りが文のなかにあるようにします。内的なメロディーの要素と、リズムの要素の余韻があるようにします。

一八五〇年ごろ、ヨーロッパ人からリズム感情が消え去りました。それ以前は、いま述べたようなことが、ある意味で、まだ存在していました。音楽的なもの、ベートーヴェンらの音楽的主題の構成について当時書かれた論文を見ると、音楽的な権威と言われる人々が、しばしば信じられないような方法で、事物のなかに生きたものを寸断し、引き裂いているのに気づきます。それはリズムの体験にとって、どん底の時代でした。

教育者は、そのことに注意しなくてはなりません。学校で、文がふたたびリズムあるものに戻されねばならないからです。このことに注目すると、授業において芸術的要素を持続しようと注意を払うようになるでしょう。勉強の内容に入っていくことが必要でも、芸術的要素をすぐには消し去らないでしょう。

これは、きのう寄せられた質問に関連します。「なぜ、綴りを正しく書くことが非常に困難な子ども、正字法＝正書法を習得できない子どもがいるのか」という質問です。

ゲーテその他、偉大な人物の正字法を研究した人は、奇妙な印象を受けます。もちろん、「正しくない書き方にさせておこう。おそらく、この子は大物になるのだから、それを妨げずに、正しい綴りを考慮しないように指導しよう」と、教育者が言うことはできません。「正しくない書き方をするとき、本来、何が原因なのか」と、考えなくてはなりません。

よく吟味すると、正しくない書き方をする子どもは、正しい音楽的な聴取がわずかしかできないことが分かります。つまり、正しく語られたものを聞く耳を、わずかしか持っていないことが分かります。これが原則的に、正しくない書き方の原因です。ほかに原因がある場合も、これと非常に似ています。正しい書き方のできない子どもは、正確に聞くことを学ばなかったのです。言葉を正確に、はっきりと聞くことを学ばなかったのです。

それは、いろんな事情に基づきます。たとえば、あいまいな話し方をする家族・周囲で育ったことも、原因になります。そうすると、子どもは聞くことを学びません。そして、正しく書くことができなくなります。少なくとも、正しく書くことが容易ではなくなります。

あるいは、生まれつき聴覚が弱かった場合です。ちゃんと聞くには、注意深くする必要があります。

しばしば、子どもが正しい書き方をできない責任が教師にあることがあります。教師はなによりも、自分が明瞭で彫塑的な言語を用いるよう、気を付けるべきです。いつも役者のように、はっきりと末尾の音節を話すようにする必要はありません。末尾の音節は、たいてい不明瞭になります。しかし、教師が各々の音節に正しく習熟することが必要です。

教師自身が音節をはっきりと語り、子どもに正確に、はっきりと彫塑的に音節を真似させるようにします。そのような、はっきりした彫塑的な話し方を練習すると、正しい書き方のできない子どもに、多くのことを達成できます。それは無意識、夢の要素、眠りの要素から取り出されるべきものに関連しているからです。これを人工的な方法で子どもに植え付けようとすべきではありません。

傾聴には、どんな基盤が必要でしょう。これは通常心理学では扱われないテーマです。私たちは夜に眠り、朝に起きます。これは私たちの知っていることです。眠ってから目覚めるまでに私たちに生じていることを、外的な科学は知りません。傾聴しているときと、眠っているときと、内的な心魂の状態は同じです。みなさんは絶えず、自分の外にいる状態と自分の内にいる状態を交替しています。

この心魂のいとなみのうねりを知るのは、非常に意味深いことです。私は聞き、外界に没頭します。しかし、聴取しているとき、自分のなかで目覚める瞬間が、いつもあります。もし、その瞬間がないなら、聴取は私の役に立たないものでしょう。私たちが起きているときも、傾聴と注視のなかで、絶えず目覚めと眠りが生じています。絶えざるうねりです。目覚め・眠り・目覚め・眠りです。

つまり、私たちと外界との交流全体が、ほかのものに移行できるという人間の能力に基づいているのです。逆説的な表現を使ってよければ、「ほかのもののなかに眠り込むことのできる能力」です。

結局のところ、話を傾聴するとは、その話の内容のなかに眠り込むことではないでしょうか。理解するのは、その話から目覚めることにほかなりません。私たちは本来、無意識、人間の眠り・夢から取り出されるべきものに、意識の側から到達しようと試みてはなりません。

ですから、私たちは子どもに、人工的に正書法を教えるべきではありません。私たちは子どものまえで、単語を正しく発音し、それを子どもに真似させます。そして次第に、正しく聞いたものを書けるようにします。そのようにして、正書法を教えます。

綴りを正しく書けないのは、正しく聞いていないからだ、と考えるべきです。私たちは聴き取りを支援しなくてはなりません。聴取よりも意識的なものをもたらすのではありません。

きのう触れたように、音楽の授業において、これを顧慮すべきです。私たちは人工的な方法を学校に持ち込んではなりません。そのようなことをすると、意識が呼吸の調節などの方法によって虐待されます。呼吸の調整は、主題の分析から生じなくてはなりません。

子どもはメロディーを正しく聞くことを学びます。それは無意識のプロセスでなくてはなりません。それは当然のものとして生じなくてはなりません。害の少ない音楽教師は、大人の道楽の相手をしていればいいのです。しかし、子どもは無意識から音楽を学ばねばなりません。子どもには、メロディーの主題を音楽的に分析することによって、授業しなくてはなりません。

線画において、線を感じる代わりに、腕を調節することを教えると、非常に悪い作用を及ぼします。「腕をこういうふうに置いて、こういうふうに動かすと、アカンサスの葉を描くことができる」と、言うとしましょう。

これは、今日しばしば音楽で行なわれている方法に似ています。さまざまな種類の調節や、同様の方法によって行なわれているのは、純粋に唯物論的な観点から、人体を調節すべき機械だと考察することにほかなりません。精神的な立場から出発すると、いつも心魂を通る回り道をし、正しく心魂的に感じたものを人体に付け加えます。

「子どもに線画をさせると、私たちは子どもに周囲への関係を築かせる。子どもを音楽に親しませると、私たちの通常の周囲以外のものへの関係を、子どもに築かせる。それは、眠ってから起きるまでのあいだ私たちを包み込む世界である」と、言うことができます。

この両極から、たとえば文法などをとおして、正しい方法で作用しなくてはならないものが組み立てられます。私たちは、文の構造に対する感情を、文章の形成についての理解などと常に組み合わせるべきです。

分別のある知性による自由な判断を、いかに一二歳ごろにゆっくりと準備できるかを正しく理解しようとするなら、このことを絶対に知らなくてはなりません。子どもが一二歳に達するまで、私たちは可能なかぎり、子どもを自由な判断から守らねばなりません。私たちは権威の上に判断を築こうと試みます。権威はある意味で、いつも無意識をとおして子どもに作用します。そうして私たちは、すでにこの無意識の作用の渦中にあります。私たちは子どもに対する関係のなかで、音楽・夢に似た要素を有するのです。

ついで一二歳ごろに、一方では植物学・動物学から鉱物学・物理学への移行、他方では歴史・地理への移行が可能な時期が始まります。この科目が一二歳になってから初めて登場するべきだ、というのではありません。しかし、それ以前は、あまり判断を当てにしてはなりません。感受や無意識的な習得を考慮して教えます。

一二歳以前に歴史を子どもに教えるときは、その歴史が第一に完結した彫塑的イメージを提供すること、第二に感情の緊張と弛緩を刺激するように教えることを考慮すべきです。一二歳以前には、いかに歴史の話が子どもの心情と直観力に触れるかを顧慮します。子どもが歴史・地理を学ぶのにふさわしく成熟するのは一二歳ごろです。

このように子どもに教えるべきものをご覧になって、みなさんは「これらすべてのなかに、宗教的な要素をどのように組み入れるのか」と、お感じになるでしょう。歴史・地理、物理学・鉱物学の勉強が始まるのを見ると、どのように宗教的な要素が組み込まれるのか、という問いが発生します。歴史・地理・物理学・鉱物学は、一二歳ごろに学びはじめるべきです。

宗教的な要素は具体的に世界のイメージを受け取り、超感覚的なものへの感受性を与えるべきです。この点で今日、人々は非常に困難な状況にあります。ヴァルドルフ学校では純粋に外的な状況に強いられて、まさにこの領域で単に教育学的・教授法的な観点に従うことができなかった、ということに私は注意を向けることができます。

私たちは今日、精神科学が教育学・教授法に提供するものを、まだ別様に授業のなかで用いることはできません。精神科学が授業技芸にもたらすものを首尾一貫させるためです。精神科学は本質的に、芸術的衝動を含んでいます。そして、精神科学を人間が体得すると、単に何かを知るのではなく、器用に、よりよく人生を把握できます。そして、よりよい教育が可能になります。これが精神科学の特徴です。

今日、この能力以上のものを、精神科学によって教育技芸のなかにもたらすことは、まだ思いとどまらねばなりません。ヴァルドルフ学校を世界観の学校にすることはできません。

私は最初から、プロテスタントの宗教はプロテスタントの宗教の教師に授業してもらう、という条件を出しました。宗教はヴァルドルフ学校から分離して、私たちは関与しません。プロテスタントの宗教の教師がやってきて、プロテスタントの宗教を教え、カトリックの宗教の時間にはカトリックの司祭や神学者が授業し、ユダヤ教はラビが授業します。精神科学を教育技芸のなかに持ち込む以上のことは許されません。ヴァルドルフ学校は世界観の学校ではありません。

しかし、注目すべきことが起こりました。一般的な生活を送っている多くの人々が、「私たちは無宗教なので、子どもをプロテスタントの宗教の時間にも、カトリックの時間にも、ユダヤ教の時間にも行かせない。私たちは子どもを、どの宗教の時間にも行かせない」と、言いました。

こうして私たちは、いわば人智学《アントロポゾフィー》的な宗教の授業を作ることが必要になりました。ヴァルドルフ学校は世界観の学校ではないので、人智学的な宗教の授業は、だれにも押し付けられません。人智学的な宗教の授業はあるのですが、それは人智学を世界観として扇動するためではありません。人智学を扇動するのと、人智学的精神科学が提供できるものによって教育技芸に実りをもたらすのとは、まったく別のことがらです。私たちは思想・内容を扇動しません。「扇動」という言葉を用いるなら、私たちは能力を扇動します。

その際、さまざまなことが生じました。たとえば、子どもたちが群れをなして、ほかの宗教のクラスから逃げ去って、私たちの宗教の教師のところにやってきました。それに対して、私たちはどうすることもできませんでした。私は、とても不快でした。世間とよい関係を持つという観点から、これは非常に致命的なことでした。しかし、そうなってしまったのです。

「ほかの宗教の授業は、いつかなくなる」と、言われることがあります。それは、私たちの見解とは異なります。ヴァルドルフ学校は世界観の学校であるべきではないからです。

今日まだ、文明世界では一貫性のある授業を行なうことはできません。それができるのは、社会有機体が三分節されて、精神生活が自立するときです。そうなるまでは、一貫性のある授業を行なうことはできません。

私たちが努力したのは、教育学・教授法を精神科学によって実らせることです。これから、歴史の授業、地理の授業、宗教の授業などについて精神科学が語るべきことを話しましょう。

歴史と地理

いままでに述べた方法で、子どもを一二歳まで教育します。その時点で、子どもが一方では歴史、他方では地理・物理・鉱物の授業を受けるのにふさわしくなったのが分かるでしょう。

一二歳ごろ、いくつかのことがら、たとえば分数の計算を補足します。また、子どもはこの年齢で、実際の生活実践に取り組みます。この方面について、私はきょう、いくつかのことを素描的に示唆したく思います。

実際、一二歳以前の子どもは、歴史を把握するに到っていません。しかし、物語の形、おおまかな伝記のイメージ、一種の教訓的な物語で、歴史の準備をすることができます。本来の歴史に取り組むのにふさわしくなるのは、子どもが植物学・動物学の授業をとおして成熟したときです。

植物学をとおして、地球を統一体として示します。地球の表面に、季節ごとにさまざまな植物が現われるのを示します。また人間を、さまざまな動物の群れの総合されたものと把握します。動物の一面性が、人間においては調和的に結び付いているのを把握します。

そうすると、歴史において非常に多くのことが達成できます。これらの表象に取り組むことによって、子どもは歴史の授業を受けるのにふさわしくなっていきます。

子どもに歴史を教えるとき、重要なのは次の点です。つまり、歴史の授業によって人間本性から力を取り出し、その力に応じて、人間の本性がこの年齢で欲するものを満たすということです。

通常、私たちが目にする歴史学に、私たちは強い抵抗を感じます。今日、私たちに提供される歴史学は、根本的に、出来事の叙述か、因果律の観点の下に出来事や文化史上の現象をまとめたものだからです。今日の歴史学は根本的に、出来事の表面に寄り掛かっています。もし、みなさんにとらわれがなかったら、そもそも人間生成の基盤になっているものについて、このような歴史学から正しい表象を得ることができる、とは感じないでしょう。

近年、歴史学は戦争を語ったり、その他の出来事を外的な方法で語るのではなく、文化現象の因果関係を表示すべきだ、と言われます。ただ、そのような因果関係を想定するのが絶対に正しいかどうか、という問題があります。たとえば、一九世紀後半に起こったことの原因が一九世紀前半の出来事にあると見るのは絶対に正しいのか、という問題があります。人間生成の基盤になるものが、まったく別の方法で歴史のなかに現われることがあります。

狭く限定された課題を押し付けるような歴史の授業をしないことが、本当に大事です。演習形式の準備を基盤にします。それは正しいことです。そして、私たちは歴史全体を知ります。しかし、いま私が言いたいのは、そのことではありません。クラスで歴史の授業を始めるとき、私たちは通常なにかの時点で始め、それに続く時代を語っていけば正しく受け取られる、と考えます。これが、歴史の授業を単に時間軸に沿って扱う原因です。

この方法は、人間本性から私たちに向かってくる力を計算に入れていません。私たちは別のものを考慮に入れなくてはなりません。たとえば、私たち現在の人間を「歴史」の一部として体験するのが本質的なことだ、ということを明らかにしなくてはなりません。

子どもを抽象的にギリシアの歴史に連れ戻すと、どうでしょうか。子どもがすでに高等中学校の生徒になっていても、抽象的に過去に連れ戻すと、ギリシア時代を理解することがなぜ現代人に必要なのか、具体的に理解できません。

私たちは現代においてもギリシア時代から直接生命的な力を継承している、というところから出発すれば、何が問題なのか、すぐに分かります。この点について、私たちは子どもに、まず表象を与えねばなりません。私たちはさまざまな領域で、そのように行なえます。私たちは前もって、そのように準備できます。しかし、私たちは歴史の授業において、一定の時期から現代まで継続するものを出発点にしなくてはなりません。

私たちの文化をとらわれなく概観すると、つぎのようなことが容易に明らかになるでしょう。ここで素描的に示唆しようとすることを、詳細に述べようとするなら、多くの時間が必要でしょう。それは、各人が自分でやってみることができます。ガイドラインだけを、ここで示唆しようと思います。私たちが有する包括的な普遍的表象すべては、根本的にギリシア時代の遺産です。私たちの心魂が今日でも有している芸術感受も、ギリシア時代の遺産です。

ありふれた通常の概念、たとえば原因という概念、作用という概念、人間という概念を取り上げてみましょう。私たちの普遍的な概念は、すべてギリシア人が作り上げたものです。歴史という概念も、ギリシア人が作り上げたものです。私たちの表象すべてを見渡すと、それらがギリシア時代の遺産であることが分かります。

私たちは普遍的な表象の数々について、子どもたちと基礎的な話し合いができます。そのとき、それらがギリシアで生まれたことは、まったく示唆しません。私たちは現代について生徒たちと話し合い、最初はそこにとどまります。

ついで劇的なもの、叙情詩的なものを勉強してみます。たとえば演劇においては、劇が何幕かに分かれていること、劇の構成、いかに葛藤が生じ、いかに解決へと導かれるかに注意を向けさせます。その際、私たちは基礎的な方法で、浄化という概念を発展させることができます。子どもに複雑な哲学的表象を学ばせる必要はありません。私たちは子どもに、劇のなかで私たちの感情がいかに緊張し、同情と恐怖に貫かれるかを示します。そうして、いかに私たちが恐怖と同情に対して感情の均衡を保つことを学ぶかを示します。それが劇の本質だ、とギリシア人が見なしていたことを示します。子どもが一一歳・一二歳・一三歳へと順調に成長していたら、このように教えるのが有益です。

そうして、私たちはギリシアの芸術作品から、たとえばアフロディーテ像などを子どもに示すことができます。その形姿のなかでいかに美が開示されているか、子どもに説明します。さらに、芸術における静止と運動の区別を説明できます。

ついで公的な生活について、いまでも公的生活に存在するものを、すでにギリシア時代にあった政治の基本概念に結び付けて、子どもと語ることができます。そのようなことについて話し合い、私たちはギリシアの歴史全体の基本性格の大枠を、まず子どもに示そうと試みます。そして、古代ギリシアの人間はどのような性格をしていたか、いかにギリシア人は都市を築いたかを、子どもたちに明らかにします。

ついで、最初に話し合ったことがらが今日でも生きつづけており、それがギリシア人の下で発生したことを示唆します。彫塑芸術や都市が、ギリシア人の下で発生しました。今日でもまだ生きているものから出発して、それらがギリシア時代に初めて人類進化において確立したことを、子どもたちに示します。ギリシア時代が人類進化のために果たした永遠の寄与について、子どもは概念を獲得します。

このような描写によって、ギリシア人のいとなみが永遠に繰り返すのではなく、「一定のことが一定の時代に、人類のために行なわれる」という理念を、子どもは得るにちがいありません。のちの時代には別のことが行なわれ、それがふたたび残っていきます。

そうすると子どもは、現代のなかにしっかりと根差します。「私たちの時代も、永遠のために一定のことを果たさねばならない」と、子どもは思います。このような歴史の叙述は本当に心情に作用し、ついで意志に作用して感激を引き起こします。どのように叙述するか、その方法が非常に大切です。その際、子どもに多くの表象、多くの印象をもたらす機会を、私たちは持ちます。それらの表象・印象について、「ギリシア人はこれを人類の財宝のなかに導入した」と、私たちは子どもに示します。

それから長い期間、私たちが示すもののなかにはキリスト教的なものがまだない、ということを子どもたちに話します。古代ギリシアについていきいきと語ることによって、まだキリスト教的なものが存在しない題材に私たちは取り組みます。キリスト教に対して中立的な表象を子どものなかでいきいきと保つことによって、ゴルゴタの出来事、キリスト教の発生を鋭く子どもに示す可能性を私たちは得ます。このような方法でギリシアの歴史を教えると、私たちは古代ギリシア全体の性格描写から、個々のことがらに移っていけます。このような方法でギリシアの歴史を勉強すると、子どもはキリスト教を正しく感受する準備をしたことになるでしょう。

みなさんの多くは、「歴史の個々のことがらについて最初は黙っていなさい、とあなたは言う。そして、なにもかもひっくるめて古代ギリシア全体の特徴を述べよう、と言う。それは正しい方法ではない。個々の具体的な出来事から出発して、個々の出来事からギリシアの歴史全体を組み立てるのが正しい」と、おっしゃるでしょう。

これは重要な方法論の問題です。わがままや偏見から答えるべき問題ではありません。とらわれなく生を把握することによって答えるべき問題です。「生は、いつも個々のものから全体が組み立てられているのか」と、私はみなさんに問います。

通常の知覚のいとなみに対して、このように要請する、と考えてみてください。そうしたら、人間の頭を脳の個々の部分などから組み立てるよう指導しなくてはならないでしょう。私たちは生のなかで全体を直接眺めます。全体を直接眺めることによって、私たちは生に対していきいきとした関係を獲得できます。恣意的に、部分から全体に進むのが大事なのではありません。生のなかに現われる全体を、全体として、その特徴を述べることが大事なのです。

ギリシア人自身、一〇年生活し、その一〇年が与える印象を個人として体験しました。しかし、今日まだ生命を保っているギリシア精神は、まとまって全体を形成しています。この生命的なものから出発しないと、ギリシア精神全体の特徴を見落とすことになります。

こうして、もっと実践的な問いを処理できます。私は繰り返し体験したのですが、「教師は教材を一年で終えない」というのは、どういうことなのでしょうか。これは二つの点で、困ったことになります。第一に、教材を終えないというのは悪いことです。第二に、教材を終えるために、しばしば、最後の数週間をぞんざいにやってしまいます。その授業は無益です。最後の数週間に行なったことは、そもそも何の意味もありません。

最初に大きな全体像を示し、その時空を子どもに示せば、詳細の考察において多くのことを省いても、害は大きくありません。全体を概観しておけば、特に現代、百科事典で個々の事項を調べるのがいかに容易になるでしょう。全体を概観しておかないと、場合によっては生涯にわたる損失になります。正しい概観は、いきいきとした人物の指導下にのみ得られるものだからです。個々のことがらは、本からでも受け取ることができます。

これを、教育技芸において非常に重要なこととして顧慮しなくてはなりません。これを教員採用試験において、特に顧慮しなくてはなりません。シュトゥットガルトのヴァルドルフ学校で行なわれている教員採用試験を見れば、「教員採用試験において重要なのは、世界像に関する教師の総合的態度を見極めることだ。その他の個々の知識に関しては、教師が日々の授業で必要と思うものに任せればよい」と、人々は言うでしょう。

教員採用試験で個々の知識を要求するのは愚かなことです。その人物が教師として適しているかどうか、全体的な印象を得ることが大事なのです。もちろん、このようなことを強制してはなりません。このようなことを極端に推し進めてはならないのは、もちろんのことです。しかし本質的に、私が述べたことは通用します。

私が述べた特徴すべてを、今日でもいきいきと、ギリシア精神への移行衝動として考察できます。それから、古代ギリシアにおいてはまだいきいきとしておらず、今日いきいきとしているものに移行することができるでしょう。一般的な人間の尊厳のような概念について、いきいきと生徒たちと話し合うことができるでしょう。人間の個的意識のような概念について、基礎的な方法で話し合うことができるでしょう。

一般的な人間の尊厳という概念を、ギリシア人は持っていませんでした。彼らが持っていたのは、都市国家の概念、個人が属する共同体の概念です。個々人は「主人、奴隷」に分けられました。人間という基礎概念を、彼らは持っていませんでした。

このことについて、生徒たちと話し合います。さらに、人間一般という概念について、生徒たちと話し合います。この概念は、私たちが十分にキリスト教的ではないので、人間のなかであまりいきいきしていません。しかし、博物学・歴史学をとおして、この概念は子どものなかでいきいきとなっていきます。人間一般という概念は、つぎのようにして呼び起こされます。

子どもたちに、レオナルド・ダ・ヴィンチの「最後の晩餐」を見せます。ミラノに、この絵は残っています。レオナルドがこの絵で意図したことについては、今日では透視的にのみ概念を形成することができます。しかし、この絵に込められた思考内容は、まだ存在しています。子どもたちがこの絵と向き合うと、その思考内容はいきいきとします。

十二使徒がおり、中央に〈主〉がいます。一二人の人間がおり、それらの人々は態度によって、さまざまな性向の持ち主に描かれています。献身的なヨハネから、裏切り者のユダまでが描かれています。そのことを、この絵で明らかにできます。あらゆる人間の性格を、この一二人の絵で説明できます。人間の性格がいかに異なっているか、子どもたちに示せます。中央の〈主〉が、一二人それぞれにどのように振る舞っているかを示唆します。

そして子どもたちに、「ほかの星から、だれかがやってきたとしよう。そして、地球上にある絵をすべて見たとしよう。地球外の存在は、この一二人と中央の神々しい姿の絵を見ただけで、〝これは地球に意味を与えるものを描いている〟と知るだろう。かつて、地球進化のなかに準備の時期があった。ついで、待望されていた時代がやってきた。準備の時期は成就した。ゴルゴタの出来事は、地上の人類進化すべてと関連している。この出来事が起こらなかったら、地球の進化には何の意味もなかっただろう」と、言うことができます。このとおり言う必要はありませんが、このように明らかにできます。このように明らかにできるものが、今日もまだ命脈を保っています。それは、現代の半分異教的な時代には死んでいますが、ふたたび活気づきます。つまり、人間の第二時代を説明するのが大事です。

概念・芸術的感受は、貴族によって育成されて、生まれることができました。その遺産とは反対に、キリスト教の発生によって、人間一般的なものが登場しました。

ローマの歴史に取り組むと、ローマの歴史は本来ほとんど意味のないものに傾斜しているということを示せます。ローマの歴史をとらわれなく考察すると、ローマ民族がギリシア民族から大きく隔たっていることが明らかになるでしょう。ギリシア民族が私たちとローマ民族に与えたものが、いまも残っています。ローマの傑出した人間はギリシア人の弟子なのです。ローマ人そのものは、創造力のない民族です。ローマ民族は、市民の概念をとおしてキリスト教的な人間の概念を準備しただけです。

この年齢の子どもに、古代ローマへのキリスト教の突入について教えることができます。古い世界がだんだんと崩壊していき、キリスト教がだんだんと西洋に広まっていくのを教えることができます。「そのようにして、キリスト教は最初の千年間に統一的な性格を得た」と、言いたく思います。それは人間一般という概念が広まることでした。人類進化のなかへのキリスト教の突入について、いきいきとした強烈な概念を子どもに与えると、まったく新しい時代の特徴を子どもに教えることができます。

キリスト教的ヨーロッパの発展の最初の千年が過ぎ去ったのち、ふたたび、まったく新しいものが始まります。この、まったく新しいものは、ゆっくりと準備されました。私たちにとって最も散文的なものが、はっきりと人類進化のなかに入ってきます。

何千年か経てば、ものごとは別の姿を示すでしょう。しかし、私たちは今日、「歴史」を教えなくてはなりません。ですから、私たちはギリシアの異教的な芸術のいとなみ、表象のいとなみなどを振り返ります。私たちはキリスト教の発展の最初の千年間を振り返り、そこでヨーロッパの感情生活が発展したことを見出します。

ついで、キリスト教の発展の最初の千年間ののちに到来したもののなかに、ヨーロッパ的な意志のいとなみを見出します。そのことをとおして、なによりも経済的な要件が人間にとって熟考の対象になり、厄介なものになりました。以前、経済はのちの時代よりも、はるかに素朴な方法で処理されていました。それと関連させて、いかに地球が人間にとって均一な舞台であるか、叙述しようと試みます。地球は探検旅行によって、人間にとって一様な舞台になり、印刷術によって一様な舞台になったことを叙述しようと試みます。そして、この時空のなかに私たちがいることを把握するよう試みます。ギリシア時代やキリスト教的ローマ時代を扱ったときは、大きな観点から、中欧の生活への影響を示すことができました。その後の時代については、そのようなことができません。一一世紀・一二世紀・一三世紀以後に生じたものを、私たちは多かれ少なかれ、個々のものに分解させなくてはならないでしょう。このようにすれば、この時代に歴史のなかに入ってくる民族の意志について、正しい感受を子どものなかに目覚めさせることができるでしょう。

このようにすることによって、何が達成できるでしょう。因果律的な歴史学や実用的な歴史学へと駆られずに、美しいことすべてに感嘆するのです。因果律的な歴史学とは何でしょう。先行するものの作用として、あとに続くものが生じるという歴史観です。

水の表面を眺めると、つぎつぎと打ち寄せる波が見えます。それぞれの波を、前の波の作用の結果と見ることができるでしょうか。つぎつぎと打ち寄せる波すべてを引き起こす原因が、水の深みにあるのではないでしょうか。

歴史も、それと異なりません。原因と作用の関連だけを見ていると、最も重要なものを見逃します。人類生成の力の深みで躍動しているものを見逃します。その力が個々の現象を、時間の経過のなかで表面にもたらすのです。単に原因と作用の観点から、個々の出来事を叙述するのではありません。ある世紀に生じたことは、単に前世紀に起こったことの作用なのではありません。作用と並んで、独立したものとして、人類生成の流れの深みから表面に運んでこられたものです。

このことについて、子どもに印象を呼び起こします。子ども時代に、その印象を呼び出さねばなりません。子ども時代に印象を呼び出さないと、わがままになり、実用的歴史学・因果律的歴史学にとどまります。その子は、自らの歴史理解に硬直し、のちになって、未来に向かうものを受け取ることがあまりできなくなります。一般の歴史の叙述に対して、「症候学的な歴史」を受け取ることが、あまりできなくなります。症候的な歴史考察にいそしむ者は、歴史上の出来事に直接に取り組んで、それを叙述しなければならない、とは思いません。歴史上の出来事を、深い生成の兆候として考察します。

そのような人は、「ある時代にグーテンベルクが登場し、印刷術を発明した。これは人類の深みで生じているものと関連している。印刷術が発明されたのは、人類がこの時代に、具体的な表象から抽象的な表象へと移行できるまでに成熟したことの兆候にすぎない」と、思うでしょう。直接的で根本的な内容以上に、印刷されたものが登場することによって、生活は本質的に抽象化されました。

いかに歴史生成の経過のなかで抽象化がなされたか、私たちはそもそも表象しません。ささいなことを語るときのことを、一度考えてみましょう。「私の上着はみすぼらしい《シェービヒ》」と言うことがあります。「私の上着はみすぼらしい」と言うと、だれもが理解します。しかし、それが本来どういうことなのか、だれにも明らかではありません。この言い方は元来、衣蛾《シャーベ》、毛織物を食害する小蛾に関連しているのです。上着をタンスに掛けて、ちゃんとブラシをかけていないと、衣蛾がやってきて、上着を食べます。穴があきます。衣蛾による上着の破損から、「みすぼらしい」という単語が発生しました。

具体的なものから抽象的なものに移行したのです。具体的なものから抽象的なものへの移行が、人類のなかで絶えず行なわれています。そのことに、私たちは注意すべきです。私が育ったオーストリア地方では、農夫たちが非常に具体的に夜の眠りについて語っていました。彼らにとって夜の眠りは、私たちが今日考えるような抽象的なものではありませんでした。朝、農夫は目をこすって、目のはしに付いたものを取りました。この具体的な分泌物を、彼らは「夜の眠り」と言いました。この言葉について、それ以外の概念を彼らは持っていませんでした。「夜間の睡眠」という抽象的な概念を、彼らは知らなかったのです。

少年期を都会ではなく、田舎で過ごした老人は、すべてが具体的であったことを思い出します。しかし、そのようなことは一九世紀とともに、多かれ少なかれ、なくなりました。このような例を、私はいくつでも挙げることができます。みなさんは、いかに田舎では具体的に考えられていたか、ほとんど信じられないでしょう。

非常に美しい詩を作った、一九世紀のオーストリア方言の詩人、ヨゼフ・ミソンがいます。彼の作った詩に、都会の人々はみな驚きました。しかし、都会の人々だけが感嘆したのです。彼は言葉を、抽象的な都会の人々が用いるように使ったので、田舎の人々には理解できませんでした。具体的なものを目にしている田舎の人々には、まったく理解できませんでした。それらの言葉は、田舎ではまったく別の意味になるからです。このオーストリア方言の詩人が自然をテーマにした詩を作ると、農夫たちにはまったく理解できなかったことを私は覚えています。一般の人々が持っている自然という概念を、農夫たちは持っていないからです。農夫たちは自然という言葉で、非常に具体的なものを理解しています。

人類生成の歩み全体のなかで、具体的なものから抽象的なものへの移行がいかに引き起こされるかを示す例を、いたるところで挙げることができるでしょう。印刷術によって抽象化の傾向が波のように人類全体に押し寄せたことを示す例を、いたるところで挙げることができるでしょう。人間は印刷術の影響下に、概念を濾過したのです。

生活を客観視させる概念を、近代史から子どもたちにもたらすのは、悪いことではないでしょう。このようなことについてまったく聞いたことがなく、どういうことか表象できなかったら、今日の人間は、たとえば資本主義の戦いについて、これほど熱弁を振るわなかったことでしょう。資本主義についてくそみそに言うことは、人々が本来意志していることとはまったく関係ないからです。それは、人々が資本主義などの意味について、正規の表象を得ていないことに基づいているだけだからです。ですから、私の『社会問題の核心』のような本も理解されません。私の本は、今日の扇動的・空想的なファンタジーからではなく、生活から書かれたものだからです。

歴史をいきいきと考察するために、外的な出来事を隠された内面の徴候として把握することが非常に必要です。この徴候を考察すると、しだいに隠された内面に到ります。歴史を徴候学的に考察すると、どの出来事にも、まず上昇、ついで頂点、そして下降がやってくることに思いいたります。

そして、ゴルゴタの出来事が生じます。外的な出来事が内的な経過を証すと考察すると、しだいに歴史から宗教へと到ります。事実、歴史がみずから宗教へと深まります。そして、子どもに提供できるもの、福音書や旧約聖書の理解へと、感情に沿って導く道が得られます。それ以前に内的な理解へと導くことはできません。そのようなことは必要ではありません。私たちは物語のかたちで子どもに教えます。そして、いきいきとした歴史の概念を子どもが受け取ると、聖書の素材もふたたび新しい生命を得ます。物事が段階的に生命を得ていくのは、よいことです。なによりも、宗教的衝動・宗教的感受が、歴史的徴候の考察をとおして深まります。

さて、博物学をとおして歴史への準備をすべきだ、と私は言いました。私が述べたような方法で植物学を学ぶことによって、子どもは地球の生命を知る準備ができます。この年齢で、地理にも移行できます。

さまざまな地域を物語形式で叙述することによって、地理を教えていくことができます。遠くの地域、たとえばアメリカやアフリカも叙述できます。博物学をとおして植物界と地球全体との関連を学ぶことによって、子どもは一二歳ごろ、本来の地理を理解するための準備をします。

歴史においては、地球の気象、地球のさまざまな場所における規則的な形態と構造に歴史の発展が依存していることを示すのが大事です。海と陸の関連、古代ギリシアの気象について概念を与えたあと、古代ギリシア精神のうち、人類の内的な経過の徴候として発展したものに導いていくことができます。

地球について与えられる地理的なイメージと歴史的発展とのあいだに、密接な内的関連を見出すことができます。地球の地域の叙述と歴史的発展についての叙述とが、いつもかみ合うべきです。歴史でアメリカ発見を扱うまえに、地理でアメリカを取り上げるべきではありません。

人間の視野が、進化の経過のなかで拡大したことを考慮する必要があります。そして人間の心情を、あまりにも強く絶対的なものへと向かわせるべきではありません。

いわゆる数理的地理学において、最初からドグマ的にコペルニクス的宇宙体系、あるいはケプラー的宇宙体系の描写から出発するのはよくありません。どのようにして、そのような宇宙体系に到ったか、子どもに示唆する必要があります。そうすると子どもは、人類進化のなかに存在すべき概念を超越した概念に捕らわれることがありません。

プトレマイオスの宇宙観の時代の人間は、プトレマイオスの硬直した概念を子どもに教えたことでしょう。いま、人々は子どもに、コペルニクスの宇宙観の概念を教えています。

どのようにして星々の位置を確かめ、総合的に宇宙体系の結論を形成するか、子どもに概念を与えることが必要です。そうすれば、だれかが宇宙の外で椅子に座って、この宇宙体系を眺めていた、と子どもが信じることはありません。

黒板にコペルクニスの宇宙体系を事実として示すと、子どもはどのように表象することになるでしょうか。人類はどのようにして、そのような宇宙像に到ったのでしょう。どのようにしてその宇宙像が形成されるか、子どもはいきいきと表象しなくてはなりません。

そうでないと、子どもは生涯、混乱した概念を持ちつづけながら、その概念を確かなものだと見なします。そうして、誤った権威感情が作られるでしょう。しかし、七歳から一四歳・一五歳の子どもを、正しい権威感情を計算に入れて扱うことによって、誤った権威感情が発生することはありません。

「正しい時期に正しい表象を子どもに与えることは、単に子どもの心魂の発達にとって意味があるだけではない。そうすることは人間の存在全体、身体組織にとっても意味がある」という意識に貫かれるのは、なによりも良いことです。

七歳から一二歳のあいだに、記憶をとおして保管される素材を子どもに与えるか与えないかに、どのような意味があるか、注目してみてください。子どもの良い記憶力を乱用するとどうなるか、明らかにしようとしてみてください。

記憶力の良い子の場合、その子の記憶力が優れているということを計算に入れるべきではありません。そのような子どもは、しばしば、新しい印象を受け取ると古い印象が消え去ります。あまりにも記憶させると、子どもの成長は減速し、正しい方法で記憶を扱ったなら達したであろう高みへと成長できません。

成長が抑制されたように見える人の場合、「それは記憶力が正しい扱い方をされなかったからだ」

ということが確かです。同様に、自分の思いどおりの顔付きができず、硬直した印象を与える人は、九歳ごろ、芸術的・美的な観照印象が十分でなかったことが確かです。

まさに子どものころ、正しい心魂的な取り扱いが身体に及ぼす作用が大きな意味を持ちます。そして、子どもが明瞭に朗々と、まとまりのある文を話すことを学ぶように配慮することには、非常に大きな意味があります。文章・音節を完璧に発音することを学ぶように配慮するのです。正しい呼吸は、正しく適切な発話からもたらされます。そのため、胸部器官の正しい形成は、正しい発話に拠ります。

いま猛威を振るっている肺病を、一度この観点から眺めるべきです。「学校では、正しい音節の発音があまりにも顧慮されていない。なによりも、発話中に子どもが十分に呼吸することを顧慮していない。これが肺結核の原因になっているのか」と、問うべきです。

その際、発話が呼吸から発すべきではありません。呼吸が発話から発しなくてはなりません。正しく語らねばなりません。正しい発話のための感情、音節の長短の感覚を発展させねばなりません。そうすると、それに従って呼吸が整います。正しく語るために呼吸のトレーニングをしなければならない、と信じるのは馬鹿げたことです。正しい呼吸は、正しく感受された発話の結果でなくてはなりません。そうすると、発話は正しい方法で呼吸に影響します。このような方法で、身体と精神・心魂の関連に、より根本的に注目するべきでしょう。

つぎに、私に寄せられた質問を取り上げます。大きな意味のある質問です。「左利き、両手利き」についてです。

右手で文字を書き、右手で生活の細かなことを行なうのが、一般的な人間習慣になっているのは正しいことです。これらを左手でも器用にできるように拡張するのは、ある意味で正しいことです。ただ、このようなことについての議論は、人間の生活状況を深く洞察するときにのみ、実り多いものになります。

私たちは、人間のなかに人間性が完全に目覚める時代に向かって生きています。今日形成されている抽象的な感覚に、心情能力の育成、感情生活の育成がふたたび加わる時代に向かって生きています。このようなとき、多くの問いが、いままでとは異なったふうに発せられます。人間がさらに今日のように教育されていくなら、つまり、いつまでも抽象のなかにとどまるなら、両手で同様に書けるようにすると、人間はある程度、精神薄弱になります。

私たちが左手よりも右手を多く用いているのは、人間の今日のあり方に関連しているからです。唯物論は抽象的なものにとどまり、物質の把握から精神的なものへと到りません。なによりも、人間の器官のいくつかが左右対称にできていないことが、これに関連しています。たとえば、字を書くのに両手を使うと、人間組織全体に深く介入することになります。

よく探究していなかったら、このようなことについて、私は語りはしないでしょう。左手を用いるとはどういうことかを吟味していなかったら、このようなことについて語りはしないでしょう。人間を観察すると、左手を使うとはどういうことかを吟味できます。

人間がある程度、精神・心魂を身体から独立させていると、左手はいいものです。しかし、今日の人間のように身体に依存していると、左手を右手と同様に字を書くのに用いると、身体のなかにものすごい反乱が起こります。そうすると、なによりも身体の右側、頭の右側に、今日の人間がまったく慣れていない方法で重荷を負わせることになります。ここで話していることを基盤にして人間を扱う教育方法は、両手利きの子どもに用いてもかまいません。

今日の文化においては、簡単に両手の使用へと移行してはなりません。このようなことは、もちろん経験からのみ語ることができます。私がきょう話したことを、統計が本質的に証明するでしょう。

「子どものなかで、いかに精神的・心魂的なものが身体的・物質的なものと共同するかを知ろうとするなら、精神世界を見ることが必要だ」と、言わねばなりません。この理由から、私は子どもの教育においてオイリュトミーに多くを期待しなくてはなりません。オイリュトミーは心魂に浸透した動きであり、単なる生理学的な体操によって育てられる受け身の意志に対して、意志の活動性を高めるからです。

子どもの遊び

この最後の講義を、私に寄せられた質問に答える形で行なうことにしましょう。そして、すでに述べてきたことに、いくつか補足することも試みましょう。教育技芸は精神科学をとおして、事実に即したまなざしを人間の成長全体に向けます。これが精神科学から教育技芸にもたらされる第一の実りです。

歴史の考察が、一二歳ごろに初めて子どもにとって実り多いものになりうることを、私たちはすでに知りました。歴史考察をとおして、性的成熟、すなわち一四歳・一五歳から始まる時期を準備することができるからです。

その時期に、根本的に内面から判断する能力が人間に生じます。単に知的な判断能力ではなく、あらゆる方向に向けられる包括的な判断能力が、性的に成熟したのちに発展します。性的に成熟すると、判断力の担い手である人間存在の超感覚的な部分が、人間本性から生まれます。

この部分を、人々は自分の好きなように名付けています。私の本のなかでは、アストラル体という名称にしてあります。しかし、名称が問題なのではありません。

単に主知主義的な判断に際してのみならず、広い意味で、さまざまな種類の判断に際して、いま述べたことに人は気づきます。ここで述べていることを、私が判断の領域下にも通用させようとすることに、みなさんは驚かれるかもしれません。しかし、詳しく心理学に取り組めば、私が語ることを心理学的にも証明できるでしょう。

たとえば、性的に成熟する以前の子どもに、その子の好みで判断させて、朗唱させてみるとしましょう。そうすると、人間本性の発展力を損ないます。その力は、のちに用いられるべきものであり、性的成熟以前に用いると、損なわれます。独自の好みで判断を下すことも、性的な成熟以後に初めて可能になります。

一四歳・一五歳以前の子どもが朗読をするのなら、子どものかたわらに立つ「自明の権威」を模倣するようにします。つまり、ほかの人が朗唱する方法を、子どもが気に入るべきなのです。子どもが自分の好みで判断して、強調すべきでないものを強調したり、自分勝手にリズムを作ったりするように指導すべきではありません。子どもは権威者に拠って、趣味を指導されるべきです。

子どもの内面のいとなみを、性的な成熟以前に、自明の権威から引き離そうとすべきではありません。私はいつも「自明の権威」と言います。強要された権威、盲目の権威のことを言っているのではないからです。とらわれなく観察すると、「永久歯が生えるころから性的に成熟するまでの子どもは、自分のそばに権威者がいてほしいと思う」ということが明らかになります。子どもが、そう欲するのです。子どもの個性から発する、この憧れに応じるべきです。

このようなことに包括的に注目すると、私がここで試みた教育技芸についての素描が、いつも人間の発展全体を顧慮していることが、みなさんにはお分かりになるでしょう。ですから、七歳から一四歳のあいだの子どもにもたらすものは、人生全体を実り豊かにできるものであるべきです。ある年齢が別の年齢にどのように作用するか、見なくてはなりません。

例を挙げましょう。子どもが学校を出てから、ずいぶん経っているとします。すっかり成長しています。そのときになって、学校で行なったこと、行なわなかったことが明らかになります。一般的・抽象的な形だけでなく、まったく具体的に明らかになります。

この観点から、子どもの遊びを考察してみましょう。生まれてから永久歯が生えるまでの、幼児の遊びです。その遊びは、ある面では、もちろん模倣衝動に基づきます。子どもは大人の行ないを見て、それを真似します。しかし、子どもはそれを別様に行ないます。

なによりも子どもの行ないは、大人が行為に結び付ける目的と効用から遠く離れています。遊びは形式としては大人の活動の模倣ですが、実質的な面では、そうではありません。遊びにおいては有用性や、目的に適ったいとなみに入り込んでいるのではありません。大人の活動に近いもので、子どもは満足します。

さて、「本来、何が活動しているのか」と、調べることができます。遊びのなかに現われているものを研究し、実践的に子どもの成長を手助けできるように人間の本質を認識しようとするとき、人間の心魂の個々の活動に注目しなくてはなりません。身体器官に移り、身体器官に注ぎ出る活動にも注目しなくてはなりません。簡単ではないのです。とはいえ、遊びの研究は、教育技芸にとって非常に重要です。

遊びは、いろんなことと関連しています。かつて、指導的な精神的人物が、「人間は遊んでいるかぎり、全人である。人間は全人であるかぎり、遊ぶ」という言葉を述べたことを思い出すべきです。この言葉をシラーは、ゲーテの『ヴィルヘルム・マイスター』を読んだときに、ある手紙のなかに記しました。

『ヴィルヘルム・マイスター』の芸術的形態のなかで展開されたような心魂の力をもった自由な遊びは、子どもの遊びが成熟したものだ、とシラーには思われました。そして根本的に、シラーは『人間の美的教育』を、この見解から書きました。この見解から、人間が通常の生活で行なわなくてはならない活動をする大人は、決してまったき人間ではない、と彼は書きました。

感覚的な必要、感覚が要求するものに従うと、人間は強制されていることになる、とシラーは考えています。あるいは、理性が示す論理的必然性に従うと、人間は理性の必然性に従い、自由な人間ではなくなります。人間は本来、芸術的創造と芸術的思索においてのみ自由である、とシラーは考えます。

これは、シラーのような芸術家においては、確かに理解できることです。しかし、それは一面的です。心魂の自由には、シラーが理解している自由のほかに、内的にのみ経過する、もっと人間的な体験があるからです。シラーが考える芸術家の生活形態は、精神を自然で必然的なもののように体験し、感覚的なものを精神的なもののように体験する生活です。これは芸術的な享受にも、芸術的な創造にも当てはまります。

芸術家は感覚的な材料を使って創造しますが、有用性や目的に即した原則に従わずに創造します。理念が欲するままに創造します。しかし、論理的な必然性に従って、抽象的な理念で創造するのではありません。芸術的創造は飢えと渇きのようなものです。それは、まったく個人的な必要物です。

子どもが自然に遊ぶような形で、人間は何かを人生において得ようと努めることがあるのを、シラーは見出しました。子どもは遊びのなかで、いわば大人の世界のなかに生きます。子どもは個性を存分に発揮し、創造されたもののなかで十分に生きます。創造されたものが何かに仕える、ということはありません。

シラーは一八世紀末・一九世紀初頭に、そのように考察しました。これをさらに追及していこう、という刺激を人間は受けます。事実、遊びの心理学的な意味は、簡単には見出されません。「永久歯の生えるまえの子どもが行なった遊びが、生涯にわたって意味を持つのか」と、人々は思うにちがいありません。シラーはゲーテに刺激されて、いわば大人の幼児性に取り組みました。そのように、遊びを分析することができます。

しかし、この遊びを人間の別の活動と比較することもできます。永久歯が生えるまえの子どもの遊びを、夢の活動と比較できます。そこには意味深い類似が見出されます。ただ、この類似は子どもの遊びの経過のみに関するものです。子どもが遊びにおいて事物を配置するように、外的な事物でないにしろ、人間は思考・イメージを夢のなかで並べます。すべての夢においてではなくても、本質的な夢のなかで、人間はそうします。夢のなかで、人間は実際、ある意味で一生をとおして子どもにとどまります。

しかし、ものごとを本当に現実的に認識するために、遊びと夢との比較にとどまることはできません。「永久歯が生えるまで子どもの遊びのなかで発展した力が、人間の外的生活全体に実りをもたらすのはいつか。いつ、子どもの遊びの実りが現われるのか」と、問わねばなりません。

普通、人々は幼児期の直後に、子どもの遊びの実りを見出そうとするにちがいありません。精神科学が示すのは、人生が一種の律動的な繰り返しのなかで経過することです。植物の芽から、葉がさまざまな形に成長します。まず萼片、ついで花弁です。そうしてから、ふたたび芽が現われます。そのあいだに何かがあり、中間期ののち、以前のものが繰り返されます。人間の生活においても、そうです。

人はさまざまな観察をとおして、後年は先行する時期の作用の結果である、というように人間の生活を把握するようになりました。そうではありません。とらわれなく観察すると、最初の遊びのなかに現われる生命活動の本来の果実は、二〇代になって現われることが見出されます。

誕生から永久歯が生えるまでに遊びをとおして子どもが獲得するもの、そこで子どもが夢見心地に体験するものは、まだ生まれ出ていない人間精神の力です。子どもは精神性を、まだ身体のなかに吸収していません。

「永久歯が生えるまで、この力が有機的に人間に働きかける。永久歯が生えると、その力は独立して、表象活動・思考活動になる。そのとき、身体から何かが引き出される」と、私は言いました。子どもの遊びは、まだ生活に関連しておらず、効用というようなものはありません。それは、まだ身体と合生していません。子どもの心魂活動は、永久歯が生えるまで身体のなかで作用し、ついで概念形成の力として表に現われます。その概念は記憶されます。

別面では、子どもは精神的・心魂的活動をします。その活動は、まだ容易にエーテル的に子どもの上に漂います。その活動は遊びのなかに存在します。一生のあいだ夢が活動するのと同様です。しかし、この活動は子どもにおいて、単に夢のなかで発展するのではありません。その活動は遊び、つまり現実において発展します。この外的な現実において発展するものは、いわば退きます。

植物のなかで芽を形成する力が、葉と花弁のなかでは退き、果実としてふたたび現われるのと同じです。

そのように、子どものなかで用いられるものは、二一歳・二二歳から、生活のなかで経験を集める悟性として独立して現われます。私はみなさんに、このようにお願いしたく思います。「この関連を見つけようとしてほしい。本当に良心的に、子どもに向き合ってほしい。子どもの遊びの個性を把握してほしい。子どもの個性を、永久歯が生えるまでの子どもの、自由な遊びの活動の個性を把握しようとしてほしい。子どもの個性をイメージしてほしい。そして、〝永久歯が生えるまでの遊びにおいて目につく個性的な形態が、なんらかの方法で、二〇歳以後、独立した判断のあり方のなかに現われる〟と、仮定してほしい。つまり、二〇歳以後、人間はさまざまに独自の判断をする。永久歯が生えるまでの子どもの遊びがさまざまなのと同じだ」。

このようなことを、人間は現実から思考します。そうすると、教育・授業に対して、限りない責任を感じます。「いま私が子どもに行なうことが、二〇代以降も人間を形成する」と思うからです。ここから分かるのは、正しい教育技芸を築こうとするなら、単に子どもの生活ではなく、人生全体を知らねばならないということです。

永久歯が生えてから性的に成熟するまでの遊びは、いくらか異なったものです。たしかに、ものごとは厳密に区分されはしません。しかし、実践的な生活のためにしっかりしたものを認識したいなら、ものごとをきちんと区分しなくてはなりません。

ものごとを観察できる人は、七歳までの子どもの遊びは個人的な性格を有している、ということを見出します。遊ぶ子どもは、いわば隠者です。子どもは自分で遊びます。たしかに、子どもは助力を求めます。しかし、子どもは恐ろしく利己的で、助力だけを求めます。

遊びにおける社交的ないとなみが、永久歯が生えるとともに始まります。そうして、子どもたちは互いに遊ぼうとします。永久歯が生えると、そうなります。例外はあっても、少なくとも、それが典型的なあり方です。子どもは遊びにおいて隠者であることをやめ、ほかの子どもたちと遊ぼうとします。遊びのなかで自分が、意味ある役割を演じようとします。遊びのなかで意味ある地位を占めようとする意志が、特に永久歯が生えてから性的に成熟するまでに現われます。

軍事国家では、男の子たちは兵隊ごっこをします。私はスイスが軍事国家かどうか知りません。そのことについて判断を下そうとは思いません。兵隊ごっこは社会的な遊びであり、そのなかで子どもたちは「なにかであろう」とします。たいていの子どもは、少なくとも将軍であろうとします。

子どもの遊びに、社会的な要素が入ってきます。その際、遊びの性格は保たれます。子どもの遊びのなかで行なわれるものは、実用的な原則に従った社会的ないとなみではありません。独特なのは、永久歯が生えてから性的に成熟するまでの遊びのなかに現われる社会性が、本来、その次の年齢を準備するように見えることです。

性的成熟とともに、独特の方法で、独立した判断が現われます。そのとき、人間は権威から独立し、自分の判断を形成します。個人として、他人に立ち向かいます。先行する時期におけるのと同じ要素が、子どもの遊びのなかに現われます。その要素は外的な社会のいとなみのなかには組み込まれず、遊びの活動のなかだけに現われます。子どもの社会的な遊びのなかに現われるのは、権威からの暫定的な独立です。

ですから、「永久歯が生えるまで、つまり七歳までの子どもに遊びが与えるものは、二一歳・二二歳に身体化して、人間生活のなかに入ってくる。そうして、悟性的判断・経験的判断など、独立した個性が獲得される。しかし、七歳から性的に成熟するまでに遊びのなかで準備されたものは、成長のなかで、それよりも早く生活の経過のなかに現われる。つまり、性的成熟期から二一歳までに現われる」と、言わなくてはなりません。

私たちが正規に遊んでいたら、悟性のため、人生経験のため、社会的な時期のために有する能力は、幼児期からやってきます。これは非常に興味深いことです。それに対して、生意気で無作法で粗暴な年齢に出現するものは、永久歯が生えてから性的に成熟するまでの時期に由来します。このように、人生における関連は交差します。

このような人生における関連には、根本的な意味があります。これが心理学には欠けています。今日、「心理学」と言われているものは、一八世紀にできたものです。それ以前は、人間・心魂について、まったく別の概念を人々は持っていました。

唯物論的な精神、唯物論的な思考が到来した時代に、心理学は発展しました。ですから、心理学の発端には非常に意味深いものがあるにもかかわらず、正しい心魂科学の発生へと発展することはありませんでした。人間の生活全体を計算に入れる心魂科学の発生に向けて発展することはありませんでした。

私はヘルバルトの心理学のなかに最良のものを見出そうと、たいへん努力しました。ヘルバルトの心理学は明敏なものです。ヘルバルトの心理学は、心魂のいとなみの基礎的な成分から心魂を形成しよう、と努めています。ヘルバルトの心理学のなかには、見事なものがたくさんあります。ただ、ヘルバルトの心理学は、善良なヘルバルト研究者のなかに奇妙な見解を呼び出しました。

私は、傑出したヘルバルト研究者を知っています。美学者ロベルト・ツィンマーマンです。彼は高等中学校の生徒たちのために書いた『哲学の基礎』のなかで、心理学を扱っています。彼はヘルバルトを、一九世紀を代表するカント主義者と名付けました。

彼はヘルバルトの弟子として、つぎのような心理学を述べています。「私は空腹のとき、空腹を満足させる食料に向けて努力するのではない。空腹という表象が止んで、満腹の表象に変わるように努めるだけである。私は表象の動きのみに関わる。抑制に対抗する表象、抑制を乗り越えて現われる表象が存在する。食べるのは、空腹の表象から満腹の表象へと移るための手段にすぎない」。

唯物論的な意味ではなく、精神的な意味で人間本性の現実に注目する人は、このような見解には一面的な合理主義と主知主義が入り込んでいるのを発見するでしょう。私たちは、このような一面的な理知から抜け出て、人間全体を心理学的に把握する必要があります。そうすると、私たちは教育技芸のために、多くのことを心理学に求めねばならないでしょう。表に現われないものを、私たちは心理学をとおして探求しなければならないでしょう。

私たちが子どもに教育するものは正しいものであるべきだ、と考えてはなりません。それは、いきいきとしたものであるべきなのです。改造されていくべきなのです。私が述べたような関連があるからです。国民学校で性的成熟期まで形成されたものが、まったく別のかたちで一五歳から二一歳・二二歳に現われる、ということを計算に入れなくてはなりません。

国民学校の教師は、高等中学校の教師、大学の教師よりも、かぎりなく重要です。国民学校の教師が正しい力を生徒に形成しておいてくれないと、大学の教師は何もできないからです。この人生の時期を計算に入れることには、実際、大きな意味があります。現実的な拠り所は精神科学からのみ得られる、ということを人々は理解するでしょう。

学校で行なわれていることを考えてみてください。人間は先入観に依存して生きています。たしかに、多くのことが本能から、いくらか改善されました。しかし、徹底的によくならねばなりません。

たとえば、学校では、まだ定義をしすぎています。子どものまえで定義することを、できるかぎり避けるべきでしょう。定義はいつも心魂を拘束します。定義された概念は生涯とどまり、生を死んだものにします。私たちは子どもの心魂のなかにもたらすものが、いきいきととどまるように教育すべきです。

だれかが九歳のとき、あるいは一一歳のときに、なにかの概念を得たとしましょう。九歳でライオンという概念、一一歳か一二歳でギリシア文化についての概念を受け取ったとしましょう。それらの概念は、そのままとどまるべきではありません。その人が三〇歳になって、「私はライオンという概念を学校で学んだ。私はギリシア文化の概念を学校で学んだ」と言うようなことがあってはなりません。

その概念は、克服されねばなりません。私たちの心身が成長するように、教師が私たちに教えたものも成長するべきです。いきいきとしたものであるべきです。私たちが受け取るべきライオンの概念、ギリシア文明の概念は、三〇歳・四〇歳においては、もはや学生時代におけるものとは別ものになるべきです。それらの概念は生命的で、人生とともに変化すべきです。

そのためには、私たちは定義せずに、ものごとの性格を述べねばなりません。私たちは概念を形成するに際して、絵画あるいは写真において行なえることを模倣する試みをしなくてはなりません。写真は私たちに、一つの面からの観点しか与えません。あるいは、別の面からの観点しか与えません。一本の木をさまざまな角度から写真に撮ったとき、私たちは初めて、その木の表象を得ることができます。

「定義によって学ぶ」という考えが強すぎます。定義するのではなく、思考・概念をもって働きかけるよう試みるべきです。一個の存在・事物の特徴を、カメラがさまざまな側から写すのと同じように述べようと試みるべきです。初めに定義をすると、その一点でのみ教師と理解し合えます。それが定義というものです。

定義は、そのためにあるのです。これは極端な言い方ですが、本質的にそうです。生命あるものは、定義されることを好みません。誤った定義をとおして、公理をドグマにしているということを、人間はいつも感じるべきでしょう。これを教師が知っておくのは、非常に重要です。

「二つの存在は、同時に同じ場所にいることができない。これを〈不可入〉と言う」と説明するとき、私たちは「不可入性」という概念を示して、その概念に合う事物を探しています。そのようにしないで、「身体は不可入である。複数の身体は同時に同じ場所にあることができないからだ」と、言うようにします。

私たちは、公理をドグマにしてはなりません。私たちが言ってもよいのは、「同時に同じ場所にいることのできない身体を、不可入と言う」ということだけです。私たちは自分の心魂の形成力を意識していなくてはなりません。そして私たちは、子どもが内的に三角形を認識するまえに、三角形の本質を外界で把握できるように表象を呼び起こしてはなりません。

定義するのではなく、性格を述べます。これは、ある年齢で現われるものが、ずっと先になって実を結ぶ、という認識と関連しています。ですから、子どもに死んだ概念ではなく、生きた感覚を手渡すべきなのです。

たとえば、できるかぎり、いきいきと幾何学の授業を行なおうと試みるべきです。数日前、計算について話しました。幾何学について、まだいくつか付け加えたく思います。

幾何学に経験のある人は、幾何学は静止状態から生命的なものになるべきだ、と感じることができます。

「三角形の内角の和は一八〇度」と言うとき、私たちは非常に一般的なことを述べています。これは、どんな三角形についても言えることです。しかし私たちは、どのような三角形も表象できるでしょうか。今日の教養人は、動きのある三角形の概念を子どもにもたらそうと努めているわけではありません。しかし、死んだ概念ではなく、動きのある三角形の概念を子どもに教えるのはよいことでしょう。

個別の三角形を描かせるよりも、「ここに線が一本ある」と言います。そうして、一八〇度の角を三つの部分に分けます。いくとおりにも、この角を三つの部分に分けることができます。この角を三つの部分に分けるたびに、三角形になります。

ここに描いたように、平行線に斜線を引くと、同じ角度が現われます。それを子どもに示します。左右二本の斜線を動かすことによって、さまざまな三角形ができます。動きのある無数の三角形を表象できます。この無数の三角形が、内角の和が一八〇度という特性を持っています。それらの三角形は、一八〇度という角度を分割することによって発生するからです。子どもに三角形の表象を呼び出すのは、よいことです。この三角形は内的に動きがあるからです。こうすると、静止した三角形ではなく、動きのある三角形を表象することになります。鋭角三角形でもありうるし、鈍角三角形でもありうるし、直角三角形でもありえます。静止した三角形ではなく、動きのある三角形を表象するからです。

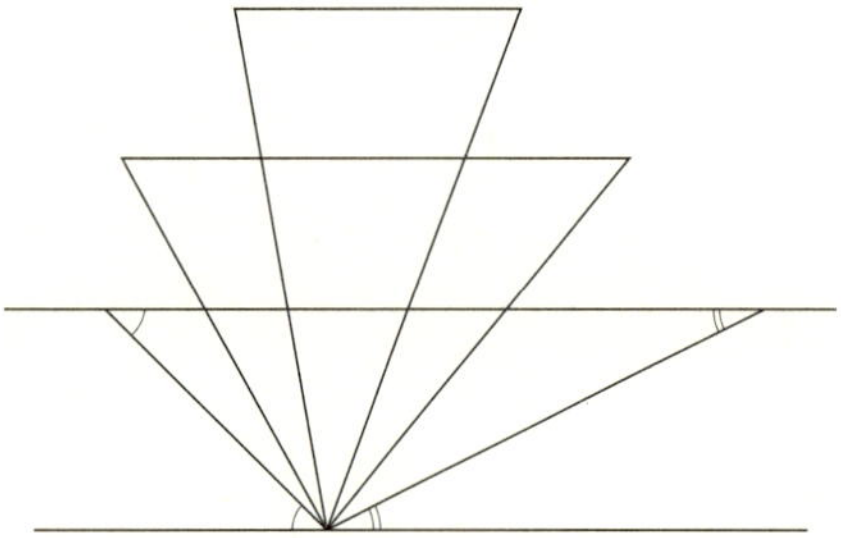

このように、内的に動きのある概念から出発して三角形を作っていくと、三角形とは何かがいかに明瞭になるか、考えてみてください。このような考え方を基にして、私たちは子どものなかに、正規の空間感受、具体的で本当の空間感受を形成することができるでしょう。

このようにして、平面図形において動きの概念を用いたら、子どもの精神全体が動きを得て、「ある身体が別の身体の前へ、あるいは後ろへ通り過ぎる」という遠近法の要素へと容易に移行できます。前へと通り過ぎる、後ろへと通り過ぎるという移行が、適切な空間感受を呼び起こす最初の要素でありえます。さらに、ある人物が前へと通り過ぎ、後ろへと通り過ぎて、その身体の後ろが見えなくなったり、その身体の前が見えなくなるのを論議すると、空間感情を内的にいきいきとさせることができます。単なる遠近法的な空間感情は、抽象的で死んだものにとどまります。

たとえば、「私は朝九時に、ある場所で二人の人に出会った。彼らはそこで、ベンチに座っていた。私は午後三時に、ふたたびそこに行った。その二人は、やはりベンチに座っていた。なにも変化していなかった」と、言います。

九時と三時に、単に外的にそのような事実を考察しているかぎり、なにも変化していません。しかし、この二人と話し合うと、どうでしょう。そうすると、私が去ったあと、一人は座りつづけ、もう一人はどこかに行っていたということが分かるかもしれません。一人は三時間どこかに行って、戻ってきて、もう一人のそばに座りました。なにかを体験し、六時間後には疲れています。ただ外的に事実を判断して、内面に入っていかないと、私は事実の関連を学べません。

内面に入っていかないと、空間について、空間の関係について判断できません。内面に入っていくことによってのみ、原因と作用に関する幻想に陥らずにすみます。かつて、つぎのようなことがありました。ある男が、川岸を歩いていました。ある場所に石がありました。その人は石につまずいて転び、波にさらわれました。そして、しばらくして、川から引き上げられました。事実だけを見ると、その人は溺死した、ということになります。

しかし、それは本当ではないかもしれません。その男は溺れて死んだのではなく、つまずいて転んで死んだのかもしれません。打ち所が悪くて、死んでから水に落ちたのです。死んだ結果、水に落ちたのです。検査をしたら、そうでした。この出来事は、外面から内面に入っていく必要を示します。

空間中で諸存在の関係を判断しようとするときも、存在の内面に入っていくことが必要です。子どもが人形を動かしたり、人々が前に後ろに通り過ぎるのを子どもに観察させることによって、空間感情を発達させることができます。動きのある遊びをとおして、子どものなかで空間感情がいきいきと発達します。

このような方法で観察されたものが、観察者の確信になっていくことが、特別に重要です。さまざまに湾曲した平面に、身体の影を投げかけ、その影のできかたを理解させるのは、空間感情の発達にとって大きな意味があります。

「なぜ球が、ある状況下では楕円形の影を作り出すのかを子どもが把握できるなら、空間における平面の発生を体験することによって、子どもの感受能力・表象能力の内的な動き全体に、大きな作用が及ぶ」と、言うことができます。このようなことを、子どもは九歳から理解できます。ですから、学校で空間感情を発達させるのは必要なことだ、と見なすべきです。「永久歯が生えるまで、七歳・八歳まで遊びで線描するとき、子どもは何をしているのか」という問いがあります。そのとき、二〇代で経験・悟性として成熟するものを発展させているのです。それは形態の変動から発達します。子どもは線描し、遊びます。遊ぶことによって、子どもの線描は何かを語ります。子どもが私たちに語ろうとしているものを、子どもの線画は再現しています。そのように把握すると、私たちは子どもの線画をよく理解できるでしょう。

子どもの線画を見てみましょう。七歳・八歳までの子ども、九歳までの子どもは、正しい空間感情をまだ持っていません。のちになって、しだいに他の力が子どものなかに入ってくると、子どもは空間感情を持つにいたります。七歳まで、子どもの組織には、のちに表象になるものが働きかけます。

性的に成熟するまで、子どもの組織には意志が働きかけます。ついで意志はせきとめられ、男性の声変わりにおいて、意志がいかに身体のなかに現われ出るかが示されます。意志は空間感情を自分のなかで発達させるのに適しています。いま述べた動きのある遊びをとおして、空間感情が発展します。影が発生する経過を知り、動きをとおして発生するものを把握することによって、意志が発達します。そうすると、悟性をとおしてよりも、ずっとよく事物の理解に到れます。

訳者あとがき

本書『精神科学による教育の改新』は、一九二〇年四月から五月にかけてバーゼル（スイス）で行なわれた教育講座を基にしている。この教育講座では、人体に関する四講義と、教育方法に関する八講義、そして、子どもの遊びについての講義、質疑応答がなされた。本書では、この講座の中心部分をなす、教育方法に関する八講義と、子どもの遊びについての講義を訳出した。〈シュタイナー教育基礎講座〉シリーズのなかで、すでに刊行されている『子どもの健全な成長』『教育の方法』に比べて、この『精神科学による教育の改新』では、〈精神科学〉の内容がストレートに出てくる箇所がある。

シュタイナーの精神科学＝人智学《アントロポゾフィー》は、人間を体（物質的身体）、体を形成する力である生命（エーテル体）、思いの場である心（アストラル体）、自分そのものである魂（個我）に分析して考察する。そして、これらの部分が太古以来の宇宙進化のなかで、神霊存在の働きの下に形成されてきた、と説く。すなわち、物質的身体は熱宇宙時代に意志の神霊によって、エーテル体は空気宇宙時代に叡智の神霊によって、アストラル体は水宇宙時代に動きの神霊によって、そして個我は地球期に形態の神霊によって作られたというのである。形態の神霊の下には人格の神霊（時代精神の導き手）、炎の神霊（民族神）、黎明の神霊（個人の守護天使）がいる、とシュタイナーは述べている。地球上で人間は、ポラール時代、ヒュペルボレアス時代、レムリア時代、アトランティス時代を経て、その後のインド文化期（春分点が蟹座にあった時代）、ペルシア文化期（双子座の時代）、エジプト・カルデア文化期（雄牛座の時代）、ギリシア・ローマ文化期（雄羊座の時代）を通過して、いまに到っている。このような人間観・宇宙観を、宗教的・信仰的なものではなく、各人が吟味して認識可能なものとして、シュタイナーは提示している。

本書が、本当に子どものためのシュタイナー教育が日本で深められる一助になれば、幸いである。シュタイナー教育の人間認識が、未来へと力強く生きていく子どもたちに有益なものとして生かされることを、訳者は希望している。

シュタイナー作品の出版にご尽力くださっているアルテ社主・市村敏明氏に感謝する。

二〇〇五年季春　　西川隆範

◆著者

ルドルフ・シュタイナー（Rudolf Steiner）

1861年－1925年。オーストリアに生まれる。ウィーン工科大学に学んだのち、ワイマール版ゲーテ全集の自然科学編の編集を担当。その後、ロシアの神秘思想家H・P・ブラヴァツキーの神智学運動に加わり、1912年、アントロポゾフィー（人智学）協会を設立。1914年には、スイス・バーゼルにゲーテアヌムを、さらに1919年には、ドイツ・シュトゥットガルトに「自由ヴァルドルフ学校」を創立。その業績は今日、神秘学・精神科学のみならず、教育、医学、農業、芸術などの分野でも多大な影響を与え続けている。

◆訳者

西川　隆範（にしかわ・りゅうはん）

1953年、京都市に生まれる。青山学院大学仏文科卒業、大正大学大学院（宗教学）修了。その後ゲーテアヌム精神科学自由大学（スイス）、キリスト者共同体神学校（ドイツ）に学ぶ。シュタイナー幼稚園教員養成所（スイス）講師、シュタイナー・カレッジ（アメリカ）客員講師を経て、育児のかたわら精神史・文化史を研究。http://i-debut.org/ivalue/0000403/

著書に『ゴルゴタの秘儀　――シュタイナーのキリスト論』（アルテ）『シュタイナー用語辞典』（風濤社）、訳書に『人間理解からの教育』（筑摩書房）『子どもの体と心の成長』（イザラ書房）『子どもの健全な成長』『教育の方法』『神秘的事実としてのキリスト教と古代の密儀』『イエスからキリストへ』『シュタイナー仏教論集』『性愛の神秘哲学』（以上、アルテ）ほか。

精神科学による教育の改新　――シュタイナー教育基礎講座Ⅲ

2005年5月15日　第1刷発行

著　　者　ルドルフ・シュタイナー
訳　　者　西川　隆範
発 行 者　市村　敏明
発　　行　株式会社　アルテ
〒171-0014　東京都豊島区池袋3-26-25-360
TEL.03（3981）2830　FAX.03（3981）2792
振替　00150-2-671130
発　　売　株式会社　星雲社
〒112-0012　東京都文京区大塚3-21-10
TEL.03（3947）1021　FAX.03（3947）1617
装　　丁　Push-up（西澤幸恵＋沖 直美）
印刷製本　株式会社　シナノ

ISBN4-434-06054-6 C0337　Printed in Japan